Lernkı

CW01623340

Mörderische Intrige

Katrin Sandhop
Nina Wagner
Andrea Ruhlig

compact

Weitere Informationen zu Compact Lernkrimis finden Sie am Ende des Buches und unter www.lernkrimi.de.

Baierbrunner Straße 27, 81379 München
Ausgabe 2017

Redaktion: Astrid Kaufmann
Fachredaktion: Astrid Weiher
Produktion: Ute Hausleiter
Titelillustration: Karl Knospe
Lernkrimi-Logo: Carsten Abelbeck
Gestaltung: EKH Werbeagentur GbR, textum GmbH
Umschlaggestaltung: red.sign GbR, Stuttgart

ISBN 978-3-8174-1862-6
381741862/1

www.compactverlag.de, www.lernkrimi.de, www.facebook.com/lernkrimi

Vorwort

Liebe Leserin, lieber Leser,

sicher zum Lernerfolg – mit Spaß und Spannung! Die Compact Lernkrimis mit ihrer Kombination aus Lektüre und didaktischem Übungsanteil eignen sich hervorragend, um breite Sprachkompetenzen in der Fremdsprache zu erwerben. Der Lerner wird dabei durch die spannende Handlung, das angemessene Sprachniveau und den stetig ansteigenden Schwierigkeitsgrad der Übungen gefördert und motiviert.
Entwickelt nach neuesten Erkenntnissen der Fremdsprachendidaktik, sind Compact Lernkrimis das ideale Medium für einen Lernerfolg im Selbststudium. Durch die kleinen Texteinheiten und den hohen Übungsanteil sind sie aber auch als Unterrichtslektüre bestens geeignet.

So lernen Sie mit Compact Lernkrimis:

- **Mit Begeisterung lernen:** Die packende Krimihandlung motiviert Sie beim Lesen des deutschen Originaltextes.
- **Wissen intensivieren und erweitern:** Durch die Kombination aus didaktisch aufbereiteter Lektüre und textbezogenen Übungen testen und trainieren Sie Ihre Sprachkenntnisse effektiv. Vokabelangaben auf jeder Seite unterstützen Sie beim Lesen.
- **Systematisch lernen:** Knüpfen Sie an Ihr individuelles Sprachniveau an und setzen Sie sich eigene Lernziele.
- **Unabhängig sein:** Lernen Sie individuell – wo und wann immer Sie wollen.

Viel Spaß beim **spannenden Erlernen der deutschen Sprache**
wünscht Ihnen

Prof. Dr. Christiane Neveling
Didaktik der romanischen Sprachen, Universität Leipzig

Inhalt

Mörderische Intrige

Katrin Sandhop

1 Angst

‚Ich bin schuld, ich allein', denkt Christian. ‚Was mache ich nur?' Christian hat Angst, dass die Mutter in seinen Augen lesen kann. Darum **starrt** er auf ihre Bettdecke. Auf der anderen Seite des Krankenhausbettes sitzt sein Bruder Magnus. **Der Schock sitzt tief**. Die Mutter wurde überfallen. Aber weil Magnus mit im Zimmer ist, kann Christian nichts sagen. 15 Jahre haben die Brüder nicht miteinander geredet. Die Atmosphäre im Zimmer ist **angespannt**. Die Mutter wird unruhig.

starren	den Blick vor Angst oder Erstaunen fixieren
der Schock sitzt tief	emotional stark betroffen sein
angespannt	unruhig, nervös
bemitleidenswert	Mitleid erweckend, kläglich wirkend

„Ich habe nur einen Wunsch", sagt sie. „Hört endlich auf zu streiten." Sie schaut ihre beiden erwachsenen Söhne fest an. Sie sieht **bemitleidenswert** aus, ganz zerkratzt im Gesicht und an den Armen.

Christian sitzt im Straßencafé, rührt nervös mit dem Löffel im Espresso und schaut die Fußgängerpassage entlang. Er wartet auf Laura. Es ist das erste Treffen nach der Wanderung, auf der er sie kennengelernt hat. Da kommt sie. Er sieht sie schon von Weitem. Er kennt ihren Gang. Schließlich ist er fast 20 Stunden hinter ihr gelaufen, bergauf und bergab, 100 Kilometer um Jena herum. In der Fußgängerpassage schauen viele Leute hinter Laura her, denn Laura ist groß und schlank. Sie hat lange braune Haare und lächelt **umwerfend**. Jeder denkt bei ihrem Anblick an ein Model, aber Laura ist Kriminalkommissarin. Und genau deshalb hat Christian sie angerufen. Er benötigt einen Rat, aber er will nicht zur Polizei gehen.

„Was ist mit deiner Mutter?", fragt Laura besorgt.

„Jemand hat sie bei ihrem Morgenspaziergang vom Weg gestoßen. Einen Abhang hinunter, voller Brombeerbüsche. Zwei Stunden hing sie fest, bis ein Radfahrer vorbeikam. Der hat die Feuerwehr alarmiert. Die Feuerwehrmänner haben sie aus den **Dornen** geschnitten", sagt Christian.

Das Seltsame an diesem Überfall war die völlige **Sinnlosigkeit**. Die Mutter hatte keine Wertsachen dabei und der Täter hat sie nicht beschimpft oder weiter berührt. Er hat sie einfach nur vom Weg geschubst, wie man eine Spielfigur beim **Mensch-ärgere-dich-nicht** rauswirft. Zack und weiter. Nach einem Tag im Krankenhaus durfte Christians Mutter schon wieder nach Hause und jetzt wartet sie, dass die tiefen Kratzwunden heilen.

„Und du machst dir Vorwürfe?", fragt Laura. Sie reibt sich ihren Fußknöchel.

„Ist dein Fuß okay?", fragt Christian.

„Ja, er ist schon fast wieder gut. Er war nur ein bisschen **verstaucht**", sagt Laura.

umwerfend	*hier*: großartig
Dornen *pl.*	spitze Stacheln, z. B. an den Stängeln von Rosen
Sinnlosigkeit *f*	Situation, die auf kein vernünftiges Ziel zuläuft
Mensch-ärgere-dich-nicht	Brettspiel, bei dem man Figuren des Gegenspielers aus dem Spiel werfen kann
verstauchen	verdrehen eines Gelenks

Christian hatte bei dieser Wanderung mitgemacht, um einmal nicht nachdenken zu müssen. Er wollte einige Stunden weder über seine Probleme noch über Computerprogramme **grübeln**. Er hatte keine Erfahrung mit Wanderungen, schon gar nicht mit einer solch langen Strecke. Er wusste nicht, ob er schnell oder langsam starten sollte. Laura hatte schon beim Start in seiner Nähe gestanden. Ihr Tempo war für Christian genau richtig. Sie schien den Weg zu kennen und Christian hatte sich einfach an sie drangehängt. Und weil er sonst nichts zu tun hatte auf dem langen Weg, studierte Christian bei der Wanderung Lauras Bewegungen, wie er sonst die Codes von **Trojanern** und Computerviren studierte. Er sah, dass Laura müde wurde, dass sie Fehler machte. Er sah die Wurzel, aber da war Laura schon gestolpert.

grübeln	intensiv nachdenken
Trojaner *pl*	Computerprogramme, die eine andere Funktion haben, als es scheint
etw. kommen sehen	ahnen, dass etw. passiert
Fußabstreifer *m*	Matte vor der Außentür zum Säubern der Schuhe
gestört	*hier*: psychisch krank

So ungefähr war das auch mit seiner Mutter. Er hatte das Unglück **kommen sehen**, aber zu spät reagiert. Nun war die Mutter verletzt und verängstigt. Laura hingegen hatte sich bei dem Sturz nicht viel getan. Sie war gefallen, er hatte ihr aufgeholfen. So waren sie auf den letzten 10 Kilometern der Wanderung ins Gespräch gekommen. Laura war ihm gleich sympathisch. Christian spricht nur selten über sich. Mit wem auch? Mit Laura ist alles ganz einfach. Er erzählt ihr von dem Überfall auf die Mutter, von seiner Katze, die überfahren wurde und die ihm jemand vor die Wohnungstür gelegt hat. Der **Fußabstreifer** war voller Blut gewesen. Er erzählt von seiner Nachbarin, bei der eingebrochen wurde. Er spricht über sein ungutes Gefühl, beobachtet zu werden, Tag und Nacht.

„Das alles kann Zufall sein. Da draußen gibt es eine Menge **gestörter** Leute. Ich habe jeden Tag mit einigen von ihnen zu tun", sagt Laura.

Übung 1: In diesem Gitternetz sind sechs Begriffe zum Thema „Computer" versteckt. Welche sind es? Schreiben Sie auf!

S	O	P	I	Z	W	M	D
C	L	K	T	L	G	A	E
T	A	S	T	A	T	U	R
I	B	T	S	P	A	S	M
O	H	I	T	T	B	C	F
U	N	C	K	O	L	E	U
R	N	K	S	P	E	P	L
V	M	O	N	I	T	O	R

____

____

____

Aber Christian glaubt nicht an Zufall. Er ist fest davon überzeugt, dass es einen Zusammenhang mit seiner Arbeit gibt. Christian ist Informatiker und beschäftigt sich an der Uni mit Schadprogrammen. Eine halbe Million Computerwürmer werden pro Tag weltweit produziert. Nur ein Bruchteil ist wirklich gefährlich. Mit diesen gefährlichen Computerwürmern beschäftigt sich Christian. Er infiziert in seinem Labor spezielle Computer mit den Schadprogrammen und beobachtet, was mit ihnen passiert. Er untersucht, wie die Programme funktionieren, wie man die Programme unschädlich machen und wieder löschen kann. Vor einigen Jahren hat Christian einen besonderen Trojaner gefunden. Er hieß ODA. ODA war fähig, sich innerhalb weniger Minuten von einem infizierten Rechner mit hunderttausend anderen infizierten Rechnern zu verbinden. Ein beliebiger Rechner von diesen hunderttausend Rechnern steuerte das Computernetz. So konnten Passwörter ausspioniert, Server lahmgelegt und Geld von Konten gestohlen werden, während die Täter völlig unsichtbar blieben. Das war eine gefährliche Waffe in der Hand von Kriminellen.

Schadprogramme *pl*	Computerprogramme für schädliche Funktionen
Computerwürmer *pl*	Viren, die sich über das Internet verbreiten
Bruchteil *m*	geringe Menge
unschädlich	gefahrlos
unsichtbar	nicht zu sehen

Übung 2: Bringen Sie die Buchstaben in die richtige Reihenfolge!

1. rssowtap ______________________
2. karofiemrint ______________________
3. rhceenr ______________________
4. utpmoerurmwc ______________________

Christian war damals noch Student und hat seine ganze Zeit mit ODA verbracht. Er hat das Programm von ODA nachgebaut und wochenlang den Fehler im System gesucht.

etw. einschleusen	etw. heimlich irgendwo hineinbringen, sodass es keiner bemerkt
Doktorvater	Professor an der Universität, der die Doktorarbeit eines Studenten betreut

„Und in dieser Zeit hat dich deine Freundin verlassen", sagt Laura mitfühlend. Christian schaut sie irritiert an. Wie kam sie jetzt auf seine Freundin?

„Aber das ist doch klar!", sagt Laura und lacht. „Ein Mann, der nur vorm Computer sitzt, sich von Fertigpizza und Gummibärchen ernährt, literweise Cola trinkt, nicht zuhört, nicht spricht … jede Frau hätte dich in so einer Situation verlassen."

„Aber ich habe den Fehler gefunden", sagt Christian und überlegt, ob er damals sehr traurig war, als seine Freundin Susanne ihm seinen Wohnungsschlüssel zurückgab. Eigentlich nicht.

Übung 3: Lesen Sie weiter und korrigieren Sie die vier Fehler!

Christian **schleuste** in das Netz aus infitzierten Computern eigene Codes **ein**, die das Netzwerk nach und nach zerstöhrten. Das war nicht nur für seinen **Doktorvater** interressant, sondern auch für die Industrie, die Sicherheitsfirmen und für den Geheimdienst. Sie suchten die Person hinter ODA und baden Christian um Hilfe.

1. ____________________ 2. ____________________

3. ____________________ 4. ____________________

„Es ist wie in einem Spiel, gut gegen böse. Der eine **Hacker** erfindet, der andere sucht das **Gegenmittel**. In diesem Spiel lernt man sich ziemlich gut kennen. Ich weiß nicht, wie alt mein Gegner war oder wie er aussah, doch ich habe begonnen, wie er zu denken. Ich wusste immer, wie sein nächster Schritt aussieht. Das war ganz leicht. Ich kannte ihn, als wären wir verwandt, **seelenverwandt**, meine ich. Ich kannte seine Gewohnheiten. Er arbeitete zum Beispiel nur von Montag bis Freitag, wie jeder normale Durchschnittsbürger.[i] Vielleicht heißt er auch so. In seinem Code jedenfalls steht der Name Meyer", sagt Christian.

Hacker *m*	*hier*: jemand, der in das Computersystem eindringt
Gegenmittel *n*	Maßnahme gegen etw.
seelen-verwandt	auf die gleiche Weise denkend und fühlend
Windbeutel *m*	Gebäck mit Sahne
auftauchen	an die Oberfläche kommen

„Aber er wurde nicht gefunden?", fragt Laura.

Christian schüttelt den Kopf. Er bestellt zwei Kaffee und für Laura einen **Windbeutel** mit viel Sahne.

„Nein, aber das war auch nicht mehr so wichtig. Das Programm war ja zerstört. Doch jetzt ist ODA wieder **aufgetaucht** und es ist noch besser."

Eine Pause entsteht. Christian scheint sie nicht zu bemerken. Laura fragt nichts. Sie wartet. Als der Kaffee kommt und ihr Windbeutel, schiebt sie ihm ihren Teller zu. Christian isst vom Windbeutel.

„Man hat mich gefragt, ob ich helfe, den Macher von ODA zu finden", sagt er. Die Hälfte vom Windbeutel ist schon weg.

Der deutsche Durchschnittsbürger heißt Thomas Müller. Er ist 43 Jahre alt, 1,78 Meter groß und dunkelblond. Er steht morgens um halb sieben auf und trinkt seinen Kaffee mit Milch und Zucker. Er heiratet mit 37 Jahren und hat 1,4 Kinder.

„Aber du willst nicht?", fragt Laura und zieht den Teller zu sich.

Christian zuckt mit den Schultern. Er trinkt seinen Kaffee. Mit ODA hat seine Karriere eigentlich erst begonnen: der **Lehrauftrag**, die Forschungsgruppe an der Uni, die Vorträge bei Konferenzen im In- und Ausland. ODA war und ist eine fachliche **Herausforderung**, ein Code von Zahlen, den man erst einmal verstehen muss, um ihn zu **knacken**.

„Das ist mir plötzlich alles zu groß geworden", sagt Christian. Er stellt die Kaffeetasse ab und beugt sich halb über den Tisch zu Laura. Er spricht schneller: „Das sind Kriminelle, die viel Geld in ihr Programm investiert haben und es sicher nicht lustig fänden, dieses Geld wieder zu verlieren. Eher schalten die mich aus. Früher war ich anonym, einer von vielen im Netz, die **sich** dem Kampf gegen ODA **verschrieben** hatten. Aber jetzt habe ich durch meine wissenschaftlichen Artikel einen Namen, ein Gesicht, eine Adresse. Ich bin sehr leicht angreifbar."

„Wir haben bei der Polizei Spezialisten für Cyberkriminalität. Vielleicht können die dir helfen?", bietet Laura an. Christian schüttelt den Kopf. Er scheint den Spezialisten der Polizei nicht besonders viel zuzutrauen.

„Spezialist bin ich selbst, aber ich wohne in einer normalen Wohnung, ich gehe zur Uni, ich kaufe ein. Die müssen nur an der Straßenecke warten, um mir **den Kopf einzuschlagen**. Ich bin nur Informatiker, ich bin kein Held. Ich will leben und ich will

Lehrauftrag *m*	an der Universität übernommener Unterricht
Herausforderung *f*	große Aufgabe
knacken	*hier*: ein Geheimnis lösen
sich einer Sache verschreiben	eine Aufgabe leidenschaftlich übernehmen
↯ jm. den Kopf einschlagen	jn. töten

mich nicht mein ganzes Leben verstecken müssen."
Seit der Zerstörung von ODA lebt Christian mit der Angst vor Rache. Meist kann er die Angst **verdrängen**, doch in den letzten Wochen ist sie größer geworden. Sie **bestimmt** sein Leben. Er prüft zweimal, wenn er sein Büro abschließt. Er fängt an, jedem zu **misstrauen**. Heute zum Beispiel hat er ernsthaft überlegt, ob nicht sein Bruder die Mutter in die Brombeeren geschubst haben könnte. Warum er so dachte, kann er sich selbst nicht erklären. Und er hatte gezögert, sich mit Laura zu treffen. Er hat Angst, dass ihr nach dem Treffen mit ihm etwas **zustößt**. Er weiß, dass seine Gegner bei einem neuen Spiel das Problem anders lösen würden. Im realen Leben. Mit Gewalt.
„Um mich musst du wirklich keine Angst haben", sagt Laura und lächelt selbstsicher. Aber sie findet Christian mit seiner Sorge um sie **rührend**.
Die beiden hätten jetzt noch länger im Café sitzen bleiben können. Sie hätten ins Kino gehen können, tanzen, in eine Bar. Sie hätten auch die Nacht zusammen verbringen können. Aber jeder von ihnen hatte für heute noch andere Pläne. Schade!

verdrängen	*hier*: nicht an etwas denken wollen
bestimmen	entscheiden, festlegen
misstrauen	nicht glauben wollen, kein Vertrauen haben
jm. zustoßen	jm. passieren, z. B. ein Unglück
rührend	emotional bewegend

Übung 4: Kreuzen Sie die richtigen Aussagen an!

1. Die Polizei könnte Christian helfen. ❒
2. Laura hat Angst um Christian. ❒
3. Christian isst den Windbeutel auf. ❒
4. Christian arbeitet an der Universität. ❒

2 Brüder

Christian steigt vom Fahrrad ab und atmet schwer. Er hat die Strecke zum Haus seines Bruders völlig falsch eingeschätzt. Das letzte Stück durch den Wald war ziemlich steil. Christian schwitzt.
„Wir können uns auf die Terrasse setzen", sagt Magnus. „Willst du etwas trinken?"
Christian nickt. Als Magnus ins Haus geht, um Bier zu holen, sieht er sich um. Christian ist zum ersten Mal hier. Das Haus seines Bruders ist groß und neu, aber nicht **protzig**. Von der Terrasse schaut man über den Wald und auf die Stadt. Auch sein Institut kann Christian erkennen. Ganz klein sieht es von hier oben aus. Der Wind fährt durch die Bäume und Christian genießt die frische Luft. ‚Wie im Urlaub, wie auf einem sicheren Schiff', denkt er. Für einen Moment fallen alle Sorgen von ihm ab.

protzig	angeberisch
sich aussprechen	miteinander reden, um Streit zu beenden
sich versöhnen	sich gegenseitig verzeihen

„Es ist schön hier", sagt Christian, als sein Bruder mit dem Bier zurückkommt. Magnus nickt.
„Danke! Ich verdiene ganz gut mit meiner Firma", sagt er.
Die beiden Brüder sitzen nebeneinander auf der Terrasse und schweigen. Wie immer. Christian hat sich in den vielen Jahren schon daran gewöhnt. Ihm fällt nicht ein, was er sagen könnte. Aber er hat der Mutter versprochen, **sich** mit dem Bruder **auszusprechen**, **sich** mit Magnus zu **versöhnen**. Die Vögel singen. Es

sind ganz verschiedene Vögel. So bewusst hat Christian den Vogelgesang schon lange nicht mehr gehört, denn er wohnt mitten in der Stadt an einer befahrenen Straße. In seiner Freizeit hört er also Autos. Bei der Arbeit hört er das **Brummen** seiner Computer oder das Brummen der Kühlung. Und jetzt eine **Nachtigall**. Vielleicht ist es eine Nachtigall. Auf jeden Fall ist Magnus' Haus ein Ort **zum Abschalten**.

Brummen *n*	tiefes Geräusch, z. B. eines Motors
Nachtigall *f*	Singvogel
zum Abschalten	zum Erholen

Übung 5: Ordnen Sie den Gegenständen die passende Definition zu!

1. ☐ Terrasse	**a)** Fahrzeug auf dem Wasser
2. ☐ Schiff	**b)** Gerät zur Senkung der Temperatur
3. ☐ Kühlung	**c)** Singvogel
4. ☐ Nachtigall	**d)** Sitzplatz im Freien

Christian lehnt sich entspannt in seinem Stuhl zurück. Und setzt sich sofort wieder aufrecht hin. Er ist nicht zum Spaß hier. Er hat es der Mutter versprochen. Aber wie soll er anfangen? Sein Bruder hat sich verändert. Magnus hat eine Firma gegründet, ein Haus gebaut, geheiratet. Er hat eine Tochter und Christian hat seine Nichte noch nie gesehen.

„Meine beiden Mädels sind im Urlaub und ich muss auf die Kaninchen aufpassen." Magnus zeigt mit der Flasche auf den Käfig am Rand der Terrasse. „Das kleine schwarze ist Hoppel, das dicke

große ist Moppel. Moppel ist ein Widder. Er sieht irgendwie wie ein Hund aus, findest du nicht?“
Christian nickt. Das Kaninchen hatte tatsächlich Ähnlichkeit mit einem Hund.
„Je länger ich die beiden beobachte, umso sympathischer werden sie mir“, sagt Magnus.
Er scheint schon ziemlich viel getrunken zu haben.
„Früher hast du Haustiere gehasst. Besonders unsere Katzen“, sagt Christian.
„Ja, ja, früher mal. Aber jetzt mit meiner Lilly ist alles anders. Lilly ist fünf und einfach großartig. Sie hat die beiden Kaninchen da im Tierheim ausgesucht. Die beiden erinnern mich an uns.“
„Aha!“, sagt Christian. Er versteht nicht, was Magnus ihm eigentlich sagen will.
„Sie sind total unterschiedlich, aber sie halten zusammen. Wenn sie nebeneinander sitzen, dann legt das große Kaninchen manchmal sein Schlappohr um das kleine Kaninchen, wie einen Arm. So etwa.“ Bei seinen letzten Worten legt Magnus seinen Arm um Christians Schulter. Christian verkrampft. Was soll das? Magnus hatte vor Jahren geschworen, Christian fertigzumachen. War jetzt alles wieder gut? War jetzt alles vergessen? Magnus' Hand auf seiner Schulter ist ihm unangenehm. Aber nicht

Widder *m*	Kaninchenrasse
Tierheim *n*	Unterkunft für herrenlose Tiere
ϟ Schlappohr *n*	großes, hängendes Ohr
verkrampfen	anspannen (Abwehrhaltung)
ϟ fertigmachen	*hier*: völlig besiegen, ausschalten

In Deutschland gibt es über 500 Tierheime und fast 700 Tierschutzvereine. Sie setzen sich für eine artgerechte Haltung der Tiere ein. Manche fordern spezielle Rechte für Tiere. Jeder dritte Deutsche hat eine Katze als Haustier.

nur. Er erinnert sich: Sein Bruder hat ihm immer dann seinen Arm um die Schulter gelegt, wenn er zufrieden war. Mit sich und mit Christian. Das war damals, als sie gemeinsam an ihrem ersten Rechner gesessen waren.

Übung 6: Lesen Sie weiter und setzen Sie die Partizipien der vorgegebenen Verben ein!

Sie haben eigene Spiele **1.** programmieren ____________________ und später für Freunde Webseiten **2.** bauen ____________________. Jeden Tag nach der Schule haben sie gemeinsam vor dem Computer gehockt. Die ganzen Grundlagen für seinen Beruf hat sich Christian in dieser Zeit **3. aneignen** ____________________. Sein großer Bruder Magnus war der beste Lehrer. Aber dann hat Magnus nur noch Spiele **4.** hacken ____________________.

„Ich wollte ein freies Internet, offen für alle und veränderbar durch alle", sagt Magnus.
Christian verdreht die Augen. Diese **nachgeschobenen** Begründungen immer!
„Du hast die gehackten Spiele verkauft", sagt Christian.
Magnus zieht seinen Arm wieder zurück.
„Na und? Das ist noch lange kein Grund, den eigenen Bruder anzuzeigen!", sagt er. Christian

sich aneignen	*hier*: lernen
nachgeschoben	*hier*: im Nachhinein vorgebracht
übertreiben	zu große Bedeutung geben

jn. verdächtigen	an Schuld von jm. glauben
↯ **etw. aus jm. werden**	*hier*: erfolgreich sein
Fachkreise *pl*	Gruppe von Spezialisten

nickt. Genau das hatte die Mutter damals auch zu Christian gesagt. ‚Man muss es nicht **übertreiben** mit der Moral', hatte sie gesagt. ‚Du hast dich für das Gute entschieden, aber wer sagt dir, dass du immer auf der richtigen Seite stehst? Wer sagt dir, was gut ist und was böse?', hatte sie ihn gefragt. Christian wollte seinen Bruder mit der Anzeige nur vor weiteren Fehlern schützen. Die Mutter hatte das nicht verstanden. Im Gegenteil, sie hat ihm Vorwürfe gemacht. Die Mutter hat zu Magnus gehalten. Sie hat eigentlich immer zu Magnus gehalten. Warum sollte Magnus sie dann aber in die Brombeeren stoßen? Das passt nicht zusammen. Christians Kopf tut weh. Vielleicht werde ich verrückt, denkt Christian. Ich kann nicht mehr klar denken. Ich **verdächtige** meinen Bruder, obwohl es keinen einzigen Grund gibt.

„Entschuldige bitte!", sagt Christian. Es ist ehrlich gemeint. Das spürt Magnus. Auch wenn er nicht weiß, dass Christian und er von unterschiedlichen Dingen sprechen. (i)

„Schon gut", sagt Magnus. „Ist ja doch noch **etwas aus mir geworden**. Ein guter IT-Berater." Er holt neues Bier. „Aber aus dir ist mehr geworden als aus mir. Du bist eine richtige Berühmtheit in **Fachkreisen**. Ich habe alle deine Aufsätze über ODA gelesen." Magnus dreht die Flasche in der Hand und zitiert aus Christians Aufsätzen:

„Hinter ODA steht ein Hacker von Weltformat. Er verwendet einen klaren und doch eleganten Code,

> **i** Synonyme für *sprechen* sind: *äußern, reden, sagen, kundtun, kommunizieren.* Es gibt auch viele Wortzusammensetzungen mit *sprechen: der Lautsprecher, die Sprechanlage, die Sprechstunde, das Sprechzimmer, widersprechen* (im Streit), *freisprechen* (im Gericht).

der extrem schwierig zu knacken ist." Magnus klingt stolz, als hätte ODA etwas mit ihm zu tun. Er nimmt einen großen Schluck aus der Flasche. „Und nur mein Bruder konnte ODA besiegen! Du bist verdammt gut, Christian. Obwohl ich früher besser war als du."

„Stimmt", sagt Christian. „Ich habe viel von dir gelernt."

„Man sagt, ODA ist wiedergekommen. Man sagt, diesmal wirst du es schwerer haben. Man sagt, ODA soll **unbesiegbar** sein."

„Wer sagt das?", fragt Christian.

Magnus antwortet nicht auf Christians Frage.

Stattdessen fährt er fort: „Oder hast du schon eine Möglichkeit gefunden, ODA zu zerstören? Man sagt, ODA ist jetzt das perfekte Programm, ohne Fehler."

Christian wischt eine Mücke vom Arm.

„Niemand ist unbesiegbar", sagt er. „Jeder macht Fehler."

Übung 7: Bringen Sie den Dialog in die richtige Reihenfolge!

a) „Das soll unmöglich sein!"

b) „Kennst du das neue ODA?"

c) „Niemand ist unbesiegbar!"

d) „Ja. Ich soll das Programm knacken."

1	2	3	4

Magnus zeigt Bilder von seiner Frau Claudia und von Lilly: Urlaub in Kroatien, Kindergeburtstag, Spielplatz, erste **Reitstunde**, im Swimmingpool. Christian wird ein bisschen traurig. Es muss toll sein, eine Familie zu haben. Auf ihn wartet niemand. Seit die Katze tot ist, ist die Wohnung ganz leer. Ungemütlich und unaufgeräumt. Christian kommt nur noch zum Schlafen nach Hause. Er nimmt sich vor, morgen aufzuräumen. Vielleicht besucht Laura ihn irgendwann. Er denkt an Laura.

unbesiegbar	nicht zu besiegen, nicht zu schlagen
Reitstunde *f*	Unterrichtsstunde, um reiten zu lernen
Horizontale Jena	Name für Sportereignis bei Jena (Stadt in Thüringen)
ϟ **Ultrawanderung** *f*	sehr, sehr lange Wanderung
fixieren	genau ins Auge fassen

„Du hast jetzt eine Freundin?", fragt Magnus.
Christian verschluckt sich fast.
„Woher weißt du das?", fragt er. Magnus grinst.
„Das sehe ich dir an", sagt Magnus. Christian wird rot.
„Es ist noch gar nichts klar. Ich habe sie erst kennengelernt. Letzte Woche bei der **Horizontale Jena**."
„Diese **Ultrawanderung**, 100 Kilometer in 24 Stunden? Du hast eine Macke", sagt Magnus. „Und was macht deine Freundin beruflich?", fragt er dann.
„Keine Ahnung!" Aus irgendeinem Grund möchte Christian nicht sagen, dass Laura Kommissarin ist. Er mag das Wort Kriminalpolizei seinem Bruder gegenüber nicht erwähnen. Magnus hört auch schon nicht mehr richtig zu. Er **fixiert** einen kleinen Waldweg, der am Grundstück entlangführt. Dort laufen ein Mann und eine Frau, die schwere Kisten, Werkzeug und Seile tragen. Sie verschwinden und kommen wieder mit neuem Gerät.
„Was machen die da?", fragt Magnus. Und Christian sieht, dass die Hand seines Bruders leicht zittert.
„Kennst du die?", fragt Christian.

„Nein."

Christians Kopfschmerzen werden wieder stärker. Sein rechtes **Augenlid** zuckt unkontrollierbar. Vielleicht sind das die Leute, die ihn seit Tagen beobachten, die Leute, die seine Katze getötet haben und seine Mutter bedrohen? ‚Ich fahre', denkt Christian. ‚Dieses ODA zerstört mein ganzes Leben. Ich will nichts mehr mit ODA zu tun haben. Ich fahre und sage den Ermittlern endgültig ab.' Christian steht auf.

„Kannst du heute Nacht hierbleiben?", bittet Magnus. Christian nickt, auch wenn er gerade noch **vom Gegenteil überzeugt** war. Magnus klingt sehr besorgt, als würde auch er bedroht werden. Christian setzt sich wieder hin.

„Gut", sagt Magnus erleichtert, „dann gehe ich jetzt mal zu den beiden und frage, was sie da eigentlich machen." Er geht. „**Gib** mir **Rückendeckung**, Bruder!", sagt er. Er macht Spaß.

Augenlid *n*	Haut zum Schutz der Augen
vom Gegenteil überzeugt sein	fest an den Gegensatz glauben
Rückendeckung geben *f*	Verhindern einer Gefahr von hinten, *allgemein:* helfen

3 Im Polizeipräsidium

Laura reinigt ihre Computertastatur. Sie macht das regelmäßig, sodass Ihre Kollegen schon über sie lachen. Doch Laura hat keinen **Putzfimmel**. Das Abwischen der Tastatur ist für sie ein Weg, mit dem Schmutz umzugehen, dem sie täglich begegnet. Laura Schütz ist Expertin für Cyberkriminalität. Kein Tatort, keine DNA, keine Zeugen, aber ein Verbrechen – das ist Cyberkriminalität. Laura vergleicht ihre Ermittlungsarbeit oft mit dem Märchen vom Hasen und dem Igel.[i] Sie ist der Hase. Der Hase ist sportlich. Er trainiert regelmäßig. Er rennt und rennt und rennt, aber der Igel ist immer vor ihm da. Der Igel ist nämlich nicht allein. Er hat seine Frau zum Wettrennen mitgebracht. Die Frau sieht genauso aus wie der Igel und wartet schon am Ziel.

Cyberkriminelle arbeiten wie die Igel. Sie teilen sich die Arbeit und kaufen oder mieten fertige Programme. Dadurch werden ihre Angriffe immer **zielgenauer**, immer besser und spezialisierter. Hacker halten sich für besonders

Putzfimmel *m*	übertriebene Freude am Putzen
zielgenau	exakt auf ein Ziel ausgerichtet

In diesem Märchen lacht anfangs der Hase über die krummen Beine des Igels. Daraufhin fordert ihn der Igel zu einem Wettrennen auf. Der Igel kann nicht so schnell laufen, dafür ist er schlauer als der Hase. Er stellt seine Frau ins Ziel. Die Igel-Frau sieht aus wie der Igel-Mann. Der Hase rennt hin und her, aber immer ist der Igel schon vor ihm da.

clever und intelligent, auf jeden Fall aber für schlauer als die Polizei. Aus diesem Gefühl der **Überlegenheit** heraus machen sie manchmal die dümmsten Fehler.

Überlegenheit *f*	Tatsache, klar der Bessere zu sein
Deep net *n*	Seiten im Internet, die nicht frei zugänglich sind

Übung 8: **Bilden Sie aus den Wörtern sinnvolle Sätze!**

1. immer zuerst Igel da der ist ?

____

2. Fabel ist wie Laura Ermittlungsarbeit eine für bekannte .

____

____

3. besonders sich halten Hacker klug für .

____

4. im gegen Laura Spezialistin Kampf Cyberkriminalität ist .

____

____

Sie loggen sich bei WhatsApp oder Facebook ein, während sie im **Deep net** surfen. Sie fühlen sich zu sicher. Sie suchen immer die gleichen Seiten auf. Sie ändern weder die Geschwindigkeit noch den Rhythmus beim Tippen. Oder sie stolpern über ihre Eitelkeit. Hacker müssen unsichtbar sein. Sie müssen innerhalb der Community aber auch bekannt sein, sie müssen mit ihrer Leistung angeben und für sich werben. Dabei **geben** sie aber oft zu viele Informationen über sich **preis**. Das ist die eine große Chance für Ermittler. Die andere Chance besteht in der engen Zusammenarbeit mit Spezialisten wie Christian Lehnert. Aber Christian Lehnert will plötzlich nicht mehr mit den **Ermittlungsbehörden** zusammenarbeiten. Er weicht aus, verhält sich seltsam. Vielleicht hat er **die Seiten gewechselt**. Lauras Chef hält das für möglich. Mit ODA wurde in den letzten beiden Monaten über 1 Million Euro von fremden Bankkonten gestohlen. Vielleicht profitiert auch Christian Lehnert davon. Laura glaubt das eigentlich nicht. Sie geht zu ihrem Chef.

etw. preisgeben	etw. verraten
Ermittlungsbehörden *pl*	Polizeiverwaltung zur Aufdeckung von Verbrechen
die Seiten wechseln	*hier*: mit dem Gegner zusammenarbeiten
gefasst werden	festgenommen werden
Augenzeugen *pl*	Menschen, die ein Ereignis gesehen haben

„Er fühlt sich bedroht", sagt sie.

„Von uns?", fragt ihr Chef. Laura schüttelt den Kopf. „Gibt es konkrete Drohungen gegen ihn?", fragt der Chef.

„Nein", sagt Laura. Der Mann, der Christians Mutter in die Brombeeren geschubst hatte, ist am Nachmittag **gefasst worden**. Er hatte am Fluss eine Joggerin vom Uferweg ins Wasser gestoßen. **Augenzeugen** hatten ihn festgehalten und die Polizei alarmiert. Der Mann hat auch den Überfall auf Christians Mutter zugegeben. Als Grund nannte er psychische Probleme.

„Ihre Methoden sind aber schon ein wenig ungewöhnlich", sagt der Chef. Laura ist schon an der Tür. Sie dreht sich noch einmal um und lächelt unschuldig.

Übung 9: Lesen Sie weiter und setzen Sie die Personalpronomen in der richtigen Form ein!

„Ich habe **1.** er ________ doch gesagt, dass ich bei der Polizei bin", sagt sie. ‚Er hätte **2.** ich ________ ja nicht kennenlernen und hinter **3.** ich ________ herlaufen müssen', denkt sie. **4.** es ________ war Zufall, trotz allem. Na okay, sie **hatte** die Organisatoren **bestochen**, um noch eine Startnummer zu bekommen. Sie hatte **5.** er ________ zwischen den 900 Teilnehmern der Wanderung gesucht.

Sie war die Berge hinuntergejoggt, um sein Tempo halten zu können. Sie hatte die Müdigkeit ertragen und die Schmerzen. Schon nach den ersten Kilometern hatten ihre Füße wehgetan. Die Schuhe drückten, aber Laura hatte nicht angehalten. Sie war beständig vor Christian gelaufen. Am Abend nach den 100 Kilometern konnte sie nicht mehr auftreten. Vier ihrer Zehennägel waren blutig. Erst dann hatte Christian sie endlich angesprochen. Natürlich hatte Laura ihm dann nicht erzählt, dass sie sich in erster Linie dienstlich für ihn interessiert. Für ihn und seine Arbeit. Chris-

bestechen	jm. etw. anbieten, um ein Ziel zu erreichen, das sonst unerreichbar wäre
sich an jn. wenden	zu einer Person Kontakt aufnehmen
Erpressung *f*	Drohung
brisant	gefährlich, heikel
sich einmischen	ohne Recht mitmachen

tian **hat** sich heute selbst mit diesem Thema an sie **gewandt**. Laura kann seine Ängste sehr gut verstehen. Das neue ODA ist nicht nur ein großartiges Programm für Bankraub und **Erpressung**, sondern es ist auch darauf ausgelegt, **brisante** Informationen über Atomkraftwerke, militärische Einrichtungen und Regierungsgeschäfte zu sammeln. Christian hatte seine Arbeit mit einem Spiel verglichen: guter Hacker gegen bösen Hacker. Aber das neue ODA ist kein Spiel mehr. Das neue ODA ist Krieg. **Sich** in diesen Krieg **einzumischen**, ist gefährlich. Doch Laura weiß: sich nicht einzumischen ist noch gefährlicher. Und deshalb muss sie Christian von der Zusammenarbeit überzeugen.

Übung 10: Beantworten Sie die Fragen zum Text!

1. Warum hat sich Laura für Christian interessiert?

   ____

2. Warum hat der Mann Christians Mutter überfallen?

   ____

3. Weshalb hat Christian sich an Laura gewandt?

   ____

4. Weshalb will Laura Christian von der Zusammenarbeit überzeugen?

   ____

4 Die Wahrheit

Christian wacht um 1.30[i] Uhr auf. Das passiert ihm fast jede Nacht und er findet dann nur schwer wieder in den Schlaf. Seine Schlaflosigkeit ist eine Art von Berufskrankheit. Sein Gehirn ist voll gefüttert mit Zahlen- und Zeichenreihen. Sie **flimmern** auch im Traum vor seinen Augen. Dazu kommt die Panik, etwas in diesen Zahlenreihen übersehen oder nicht schnell genug reagiert zu haben. Wie ein Blitz schlägt diese Panik jede Nacht in seinen Schlaf und weckt ihn.

flimmern	*hier*: vor Nervosität ein vibrierendes Bild vor Augen haben
aufklären	die Wahrheit finden oder sagen
pachten	Land mieten
Fernglas *n*	optisches Gerät, mit dem man entfernte Dinge besser sehen kann

Christian liegt im Zimmer von Magnus' Tochter Lilly. Er setzt sich auf und sieht durch das Fenster den Nachthimmel. Langsam steht er auf und tastet sich durch das dunkle Haus zur Terrasse. Er fühlt sich hier sicher. Auch deshalb, weil Laura angerufen und ihm gesagt hat, dass der Überfall auf seine Mutter **aufgeklärt** sei. Ein Verrückter habe sie geschubst. Das ist wie ein Unfall. Irgendwann trifft es jeden ein-

Anstelle von *1.30 Uhr* kann man auch sagen *halb zwei Uhr*.
Bei *1.15 Uhr* würde man entsprechend von *Viertel nach eins* oder *viertel zwei* sprechen und bei *1.45 Uhr* von *Viertel vor zwei* oder *drei viertel zwei*.

mal. Der Überfall hatte also nichts mit Christians Arbeit zu tun. Auf der Terrasse sitzt Magnus und raucht.
„Du kannst also auch nicht schlafen“, sagt er und es ist keine Frage. Magnus schaut in Richtung Wald.

Übung 11: Lesen Sie weiter und setzen Sie die richtige Form nach den Präpositionen ein!

Zwischen 1. die Bäume ______________________ ist ein schwaches Licht zu sehen. Das Licht kommt aus 2. eine einfache Hütte ______________________, die auf 3. ein zugewachsenes Grundstück ______________________ steht. Der Mann und die Frau, die am Nachmittag die Kisten und das Werkzeug in 4. der Wald ______________________ schleppten, **haben** das Grundstück **gepachtet**. Sie wollen dort Holz machen. Das haben sie Magnus erzählt.

Magnus ist misstrauisch. Er hat ein **Fernglas** neben sich liegen.
„Hast du Angst?“, fragt Christian seinen Bruder. Ein Käuzchen ruft. Und hinter dem Gartenzaun knackt es. Irgendwo im Wald schreit ein Tier. ‚Ziemlich unheimlich‘, findet Christian. ‚Was, wenn diese Holzfäller doch seinetwegen hier sind?‘
„Je älter man wird, umso ängstlicher wird man wahrscheinlich“, meint Magnus. „Oder es liegt an der heutigen Zeit und den schrecklichen Nachrichten.“ Christian nimmt sich eine Zigarette von Magnus. Er hat schon lange nicht mehr geraucht, aber jetzt

Hacker-Ethik *f*	moralische Grundsätze für Hacker
Weltverbesserungspläne *pl*	*hier ironisch:* Konzepte, um die Welt besser zu machen
Aktivisten *pl*	Menschen die sich für ein bestimmtes Ziel mit aller Kraft einsetzen
Zahnlücke *f*	Loch in der Zahnreihe

hilft ihm das Rauchen beim Nachdenken.

Christian hat Informatik studiert und sich für eine Uni-Karriere entschieden, weil er sich ganz objektiv, ganz sachlich mit Schadprogrammen beschäftigen wollte. Er wollte die Programme verstehen und sich nicht mit der **Hacker-Ethik** und den **Weltverbesserungsplänen** von **Aktivisten** auseinandersetzen. Aber kann man dabei überhaupt objektiv bleiben? Vielleicht werden Terroristen bald mithilfe von Programmen wie ODA unsere gesamte Software lahmlegen. Er denkt an Lilly und ihre breite **Zahnlücke** und trommelt mit seinen Fingern nervös auf die Stuhllehne. Auch er hat eine Verantwortung. Für Lilly. Aber nicht nur für Lilly. Sollen diese Leute in der Waldhütte ihn doch beobachten, sollen sie ihm doch Angst machen. Sie werden ihn nicht aufhalten. Er wird gegen sie und ihre Auftraggeber kämpfen. Er schlägt entschlossen mit der flachen Hand auf die Stuhllehne. Er hat sich endgültig entschieden.

„Weil ich es kann!“, sagt Christian.

Magnus schaut ihn überrascht an.

„Wirst du mir helfen?“, fragt Christian. Als er in das fragende Gesicht von Magnus sieht, erklärt er ihm: „Du hast mich nach einem Fehler in ODA gefragt. Ich habe da so eine Idee.“

Magnus nimmt einen letzten Zug von seiner Zigarette. Dann drückt er sie sorgfältig im Aschenbecher aus.

„Klar helfe ich dir. Mit dem größten Vergnügen“, sagt er grinsend und steht auf.

Übung 12: **Kreuzen Sie die Aussagen an, die im Futur stehen!**

1. Christian wird ODA bekämpfen. ❐
2. Die Arbeit wird schwierig werden. ❐
3. Die Menschen werden verunsichert. ❐
4. Wird Magnus Christian helfen? ❐
5. Christian wird von den Gegnern bedroht. ❐

Christian hat seinen Laptop immer bei sich und Magnus hat schon von Berufs wegen einen gut ausgestatteten Computerarbeitsplatz. Christian erklärt seinem Bruder den Aufbau von ODA. Magnus versteht schnell und stellt die richtigen Fragen. Er ist besser als der Großteil von Christians Studenten.

‚Wenn Magnus in meiner Forschungsgruppe wäre, hätte ich nur halb so viel Arbeit', denkt Christian. Gemeinsam beraten sie über mögliche **Angriffsflächen** und über eine Strategie, um ODA auszuschalten. Sie schreiben und prüfen Teile von Programmen und irgendwann ist Christian im **Flow**. Er ist so konzentriert, dass Raum und Zeit keine Rolle mehr spielen. Christian **geht** völlig im Programmieren **auf**. Keine Ablenkung, keine Quälerei, keine **Selbstzweifel** stören ihn. Die Programme schreiben sich wie von selbst. Es ist ein vollkommener

Angriffsflächen *pl*	verwundbare Stellen
Flow *m*	völlige Konzentration, die glücklich macht
aufgehen	*hier*: sich vergessen, sich nur auf eine Sache konzentrieren
Selbstzweifel *pl*	Unsicherheit gegenüber dem eigenen Verhalten

Glückszustand. Dieser Glückszustand dauert fast eine ganze Woche. Christian erlebt diese Woche wie im **Rausch**. Er erinnert sich dunkel, dass er in der Uni angerufen und um Urlaub gebeten hat. In den Arbeitspausen genießt er die Mittagssonne auf der Terrasse. Er joggt im Wald, hört den Pizzalieferanten, aber eigentlich arbeitet er die ganze Zeit an dem Programm. Und Magnus arbeitet neben ihm. Es fällt kein böses Wort, es gibt keine Stichelei, keinen Wettbewerb.

Rausch *m*	Veränderung der Psyche (z. B. durch zu großen Alkoholgenuss)
Schwebezustand *m*	*hier*: Zustand, in dem die reale Welt vergessen wird
ϟ schiefgehen	nicht gelingen

‚Mein Bruder ist toll. Mama hat Recht, wir dürfen nicht streiten. Gemeinsam können wir Großes leisten', denkt Christian. Und dann, nach einer Woche im **Schwebezustand**, kommt Christian langsam wieder auf die Erde. Er ist erschöpft und die Kopfschmerzen beginnen wieder. Er prüft das Programm noch einmal. Ob es wirklich reicht, um ODA zu zerstören? Es darf nichts **schiefgehen**. Ein Angriff auf ein Schadprogramm muss genauso zielgenau sein wie das Schadprogramm selbst. Jede Korrektur, jeder Zusatz verringert die Überraschung und damit die Aussicht auf Erfolg. Christian ist ein Perfektionist. Seit mehreren Jahren schon arbeitet er an einem äußerst einfachen, aber sehr wirkungsvollen Gegentrojaner. Bisher hat er ihn noch nie eingesetzt. Er zweifelt jedes Mal. „Ihre größte Stärke ist auch Ihre größte Schwäche", hatte sein Professor einmal zu ihm gesagt.

„Essen ist fertig!" Magnus hat **Königsberger Klopse** [i] mit Kar-

> Königsberger Klopse sind ein traditionelles deutsches Gericht. Klopse sind Bällchen aus Hackfleisch in weißer Sauce mit Kapern. Das Gericht kommt aus Ostpreußen.

toffelpüree gekocht. Das ist Christians Lieblingsessen. „Ich verkünde hiermit das Ende der Pizzadiät“, sagt Magnus feierlich. Magnus ist ausgelassen und zufrieden. Die Zusammenarbeit mit seinem Bruder hat auch ihn fröhlich gemacht. Er summt vor sich hin. Christian kennt die Melodie. Magnus hat dieses Lied von Udo Lindenberg früher ständig gesungen. Christian versucht, sich an den Text zu erinnern.

Königsberger Klopse *pl*	Speise aus Fleischklößen
Udo Lindenberg	bekannter deutscher Rockmusiker
Erfinder/Erfinderin *m,f*	jd, der ein neues Produkt schafft
Schwerverbrecher/-verbrecherin *m,f*	jd., der ein sehr schweres Verbrechen begangen hat, z. B. Mord
aus voller Kehle	sehr laut
stocken	*hier*: zögern
Zigtausende *pl*	viele Tausende

„Ach wie gerne wäre …“, singt er.

„… ich im Club der Millionäre“, singt Magnus mit Christian zusammen.

„… doch da kommt man nicht so ohne weiteres rein. Da muss man schon Erfinder oder Schwerverbrecher sein.“ Magnus singt aus voller Kehle. Christian hört ihm lächelnd zu. Schwerverbrecher! Magnus hatte als Kind eine Vorliebe für Mafia-Bosse. Sein absolutes Lieblingsbuch handelte von den Lebensgeschichten der Mafia-Bosse und Schwerverbrecher in Amerika. Sie kamen aus armen Familien und kontrollierten Millionenstädte. Lucky Luciano, Bugsy Siegel, Meyer Lansky – so hießen seine Helden. Meyer Lansky war der Intelligenteste von allen. Meyer … Christian stockt. Im Code von ODA steht dieser Name: Meyer. Meyer ist neben Müller und Fischer einer der häufigsten deutschen Familiennamen. Hacker nutzen zusätzliche Zeichen im Code als eine Art Signatur. Sie verweisen auf Filme, die sie gut finden, auf Orte, auf Musik und auf Personen. Aber es gibt Zigtausende mit dem

Familiennamen Meyer. Doch es ist kein Familienname, sondern ein Vorname. Der Vorname von Lansky. Der Macher von ODA vergleicht sich mit Meyer Lansky. Der war der Boss aller Bosse, hat Magnus immer gesagt. Plötzlich scheint Christian alles klar: Magnus ist ODA.
„Du bist ODA", sagt er. Ruhig legt er das Besteck auf den Tisch. Darum konnte er mit Magnus so gut zusammenarbeiten. Magnus kennt sich aus. Er steckt voll in der Materie.
Magnus nickt, schiebt sich einen Klops in den Mund und kaut, um Zeit zu gewinnen. Er sieht Christian spöttisch an.

Übung 13: Fragen Sie nach dem unterstrichenen Satzteil!

1. Man muss <u>Schwerverbrecher</u> sein.

____

2. Hacker nutzen <u>zusätzliche Zeichen</u> im Code.

____

3. Der Macher von ODA vergleicht sich mit <u>Meyer Lansky</u>.

____

4. <u>Ruhig</u> legt er das Besteck weg.

____

„Du bist ODA", wiederholt Christian.
„Ja. Und ich danke dir für diese großartige Zusammenarbeit. Du hast mir gezeigt, an welchen Stellen ODA angreifbar ist. Diese Stellen werde ich ändern. Ich habe schon damit begonnen. Wenn

verlegen	beschämt, unangenehm berührt
ausmalen	*hier*: ausdenken, vorstellen
ϟ der Groschen fällt bei jm.	jd. versteht etw. in diesem Moment

diese Schwachstellen behoben sind, dann ist ODA unzerstörbar. Du bist gut. Aber, tut mir leid, ich bin immer noch ein bisschen besser als du." Er hebt das Weinglas und prostet Christian zu. Der reagiert nicht darauf.
„Du bist das also", sagt Christian langsam. Er schaukelt mit dem Oberkörper vor und zurück. Das macht er immer, wenn er nachdenkt. Er muss jetzt nachdenken. Ihm fällt die Katze ein. „Und meine Katze?"
Magnus reibt sich **verlegen** die Stirn.
„Stimmt. Das war nicht nett. Ich wollte dir ein bisschen Angst machen. Wenn wir ab jetzt zusammenarbeiten, kaufe ich dir eine neue Katze. Eine viel schönere Katze. Geld ist kein Problem. Wir werden unsagbar reich."
Christian wischt sich mit einer Serviette den Mund ab, nimmt einen Schluck vom Rotwein und stellt das Glas langsam auf den Tisch.
Magnus hat sich diesen Moment oft **ausgemalt**. Den Moment, in dem bei seinem Bruder **der Groschen fällt**. Den Moment, in dem ihm klar wird, gegen wen er die ganzen Jahre gekämpft hat. Und wer am Ende gewonnen hat. Er hat sich alles vorstellen können: Christian tobt und schreit. Christian macht ihm Vorwürfe. Christian läuft davon. Aber er hätte nicht gedacht, dass Christian so verdammt ruhig bleibt. Das ist seltsam und verunsichert ihn. Doch Magnus zeigt seine Verunsicherung nicht. Er zeigt nur den Triumph, den er vor wenigen Sekunden noch wirklich empfunden hat.
„Es tut mir sehr leid", sagt Christian. „Ich habe vorhin deine Wunderwaffe zerstört. Das wird sehr teuer, fürchte ich."

bluffen	so tun als ob
verebben	aufhören
Botnetz *n*	Gruppe von automatisierten Programmen auf vernetzten Computern
leichenblass	farblos wie ein Toter
Präzision *f*	Genauigkeit
elend	schwach, krank
in seiner Haut stecken	an der Stelle des anderen sein

Magnus lacht.
„Nein, nein, netter Versuch. Du **bluffst** nur. Du kannst einfach nicht verlieren, immer noch nicht“, sagt Magnus. Doch sein Lachen **verebbt**. Magnus steht auf und geht zum Computer. Christian weiß, was Magnus sehen wird: riesige Löcher im **Botnetz** von ODA. Dieser Wurm ist nur schwer zu stoppen. Unter Zeitdruck schon überhaupt nicht.
Magnus kommt wieder. Er ist **leichenblass**.
„Was hast du gemacht? Christian, bitte, stoppe dieses Programm. Die machen mich fertig. Ich habe ODA zwar erfunden, aber ODA ist längst ein Unternehmen. Weißt du, wie viel Geld da drin steckt? Du hast keine Vorstellung, wer in der Führungsebene sitzt. Du verstehst nichts von der Welt. Es geht nicht nur um Geld. Es geht um Informationen, um Geheimhaltung und absolute **Präzision**. Christian, ich bin für die Sicherheit von ODA zuständig. Und du hast das Programm zerstört. Von meinem Computer aus!“
Als Christian das letzte Mal ODA zerstört hat, hat er sich wie ein Held gefühlt, aber heute fühlt er sich **elend**. Er sieht die Verzweiflung seines Bruders und er spürt, dass sie echt ist. Magnus tut ihm leid. **In seiner Haut** möchte er nicht **stecken**.
„Geh mit mir zur Polizei“, sagt er.
Magnus bekommt vor Aufregung schwer Luft. Er keucht.
„Bitte, Christian. Du hast keine Ahnung! Ich habe eine Familie. Meine Frau und meine Tochter, sie können nichts dafür.“

5 Die Strafe

„Sie sind **ein Herz und eine Seele**“, sagt der Polizeibeamte, der seit einer Woche gemeinsam mit einer Kollegin Christian und Magnus von der Hütte im Wald aus beobachtet. „Sie arbeiten Tag und Nacht und ernähren sich etwas **einseitig**. Jeden Tag der gleiche Lieferservice für Pizza. Sonst gibt es **keine besonderen Vorkommnisse**.“ Laura bedankt sich und legt den Telefonhörer auf. Sie denkt daran, wie Christian bei ihrem Treffen über seinen Bruder gesprochen hat. Und jetzt plötzlich große Harmonie? Sie hat kein gutes Gefühl, versucht sich aber auf ihre anderen Fälle zu konzentrieren. Dann bekommt sie eine Nachricht von Christian.

ein Herz und eine Seele	*Redensart:* völlig eins
einseitig	nicht vielfältig
keine besonderen Vorkommnisse *pl*	nichts Außergewöhnliches ist geschehen

„Ich brauche deine Hilfe!“, schreibt er. Gleich danach hat er sein Handy offenbar ausgeschaltet. Er ist nicht mehr erreichbar. Laura fährt los. Noch bevor sie an der Tür von Magnus’ Haus ist, hört sie den Schuss. Sie zuckt zusammen und bleibt stehen. Sie ist sich fast sicher, dass Christian tot ist. Er wurde erschossen. Laura hat es nicht verhindern können, auch wenn sie zwei Polizisten beauftragt hat, auf Christian aufzupassen. Haben sie nichts gesehen? Erst als die beiden Beamten aus dem Wald angerannt kommen, kann auch Laura wieder reagieren. Die Haustür ist abgeschlossen. Alle Fenster sind zu. Laura läuft ums Haus herum. Dort steht Christian auf der Terrasse. Seine Kleidung ist blutig. Er zittert.

Übung 14: Ergänzen Sie jeweils das Verb und das Adjektiv!

1. Erreichbarkeit ______________ ______________
2. Verzweiflung ______________ ______________
3. Blut ______________ ______________
4. Überzeugung ______________ ______________

„Mein Bruder hat sich umgebracht", sagt er. „Ich habe versucht, ihn zu überzeugen, zur Polizei zu gehen. Ich habe sogar versucht, mein Programm zu stoppen. Ich habe es nicht geschafft. Ich habe wirklich alles versucht. Er hatte solche Angst um seine Tochter." Christian schwitzt stark und friert gleichzeitig. Laura ruft den Notarzt. Christian hat einen Schock. Er muss ins Krankenhaus. Und Laura ist froh, dass sie den Ort des Unglücks noch ein bisschen **meiden** kann.

meiden	aus dem Weg gehen
schleudern	kräftig werfen
jn. heraus-fordern	jm. einen Wettkampf anbieten
ausnutzen	einen Vorteil wahrnehmen

„Wie jede Mutter habe ich versucht, meine beiden Söhne gleich zu behandeln, aber sie sind so verschieden. Als Mutter liebt man immer das Kind, das gerade unglücklicher ist. Und meist war das Magnus. Von dem Moment an, als Christian auf die Welt kam, hat Magnus seinen Bruder gehasst. Er musste ihm immer beweisen, dass er schlauer, stärker, besser ist. Am Anfang war das natürlich einfach, aber als Christian das erste Mal im Tennisspiel gegen ihn gewonnen hatte, **hat** Magnus aus Wut seinen Tennisschläger übers Netz **geschleudert** und Christian am Kopf getroffen. Er kann einfach nicht gegen ihn verlieren. Egal, ob im Tennis, bei Frauen oder in diesen Computerdingen, er **fordert** ihn immer wieder zum Wettkampf **heraus**."

Übung 15: Lesen Sie weiter und ergänzen Sie den Infinitiv zu den betreffenden Verben!

Laura hört der Mutter geduldig zu. Die Frau hat noch nicht verstanden (1.), dass ihr ältester Sohn tot ist. Sie hat es vielleicht gehört (2.), aber das Gehörte ist nicht in ihr Bewusstsein gedrungen. Laura versucht es noch einmal.

„Magnus hat sich umgebracht (3.). Er hatte Angst vor der Rache seiner kriminellen Kollegen. Aus deren Sicht hat er einen großen Fehler gemacht (4.). Und solche Fehler werden bestraft (5.)." Die Mutter schüttelt den Kopf und lächelt.

„Magnus und kriminell? Das glaube ich nicht. Er ist schlau und er kann gut mit Computern umgehen. Vielleicht **hat** er diesen Vorteil ein bisschen für sich **ausgenutzt**. Aber ist das gleich kriminell?" Laura seufzt innerlich. So alt und weltfremd ist Christians Mutter nun auch nicht. Vielleicht liegt es aber auch an ihr, an

Laura. Im Überbringen von Todesnachrichten ist sie nicht besonders gut. Sie spricht jetzt langsam und betont deutlich:
„Ihr Sohn Magnus hat sich mit einem Revolver in den Kopf geschossen. Ihr Sohn Christian konnte ihn nicht davon **abhalten**."
„Christian hat ihn damals angezeigt", sagt die Mutter.
Jetzt wird Laura wütend.
„Christian hat sogar versucht, seinen eigenen Angriff gegen ein kriminelles Computernetzwerk rückgängig zu machen. Damit **hat** er die Arbeit von vielen Jahren **zunichte gemacht**. Seine Arbeit. Und auch die Arbeit der Polizei. Er **hat** seinen Ruf als Wissenschaftler **aufs Spiel gesetzt**. Er hat sich fast selbst strafbar gemacht. Und das, obwohl ihn sein Bruder belogen und **benutzt hat**."
Christians Mutter streicht Laura beruhigend über die Hand.
„Ich habe das schon verstanden", sagt sie. „Es ist nicht so einfach, einen Sohn zu verlieren. Aber Sie … Sie mögen meinen Sohn, oder?"
Laura hält **verwundert** inne. Darüber hat sie noch gar nicht nachgedacht. Sie nickt zögernd.
„Sehen Sie, das freut mich sehr. Christian hat es verdient", sagt die Mutter. Sie hat Tränen in den Augen.

Übung 16: Welches Wort ist das Schwarze Schaf? Unterstreichen Sie!

1. lieben — mögen — hassen — achten
2. hören — sehen — wissen — riechen
3. Mutter — Frau — Sohn — Bruder
4. Krimineller — Verbrecher — Gauner — Mörder

jn. abhalten	verhindern, dass jd. etw. tut
zunichte machen	zerstören
aufs Spiel setzen	riskieren
benutzen	als Mittel verwenden
verwundert	erstaunt
absichtlich	bewusst
aufrollen	beginnen, gegen etw. vorzugehen

Christian ist noch im Krankenhaus. Er steht am Fenster und starrt hinaus, als Laura zu ihm ins Zimmer kommt.

„Hallo", sagt sie.

„Hallo", sagt er, ohne sich nach ihr umzudrehen. Laura holt tief Luft.

„Du weißt, für welche Abteilung ich arbeite?" Christian nickt. „Bei der Wanderung … ich bin absichtlich immer in deiner Nähe geblieben. Ich wollte, dass wir uns kennenlernen. Christian, manchmal geht man falsche Wege, um das Gute zu erreichen."

„Schon in Ordnung. Lass gut sein. Es ist dein Job", sagt Christian. Laura geht einen Schritt auf ihn zu.

„Ich meine nicht mich. Ich meine dich. Du wolltest etwas Gutes."

„Ach ja? Und was habe ich erreicht? Durch meine Arbeit habe ich Magnus getötet. Meine Mutter hat ihren Sohn verloren, seine Tochter wird ohne Vater aufwachsen. Meine Schwägerin wird mir nicht glauben, dass ich meinen eigenen Trojaner nicht stoppen konnte. Und dich habe ich schon durch den Versuch enttäuscht, den Trojaner zu stoppen."

Laura schüttelt den Kopf.

„Du hast mir sehr geholfen. Denn jetzt haben wir zumindest einen Punkt, von dem aus wir ODA aufrollen können." Laura geht noch einen Schritt auf Christian zu. Sie

In der Wendung *etwas Gutes* wird das Adjektiv *gut* großgeschrieben, weil es wie ein Nomen verwendet wird (= Nominalisierung). Man kann das Wort *gut* in diesem Zusammenhang auch mit einem Artikel verbinden (*das Gute*), was ein eindeutiges Zeichen für die Wortart Nomen ist. Weitere Wendungen dieser Art sind: *alles Gute wünschen; jm. etw. im Guten sagen; etw. wendet sich zum Guten.*

steht jetzt fast hinter ihm. „Du hast mich nicht enttäuscht. Im Gegenteil“, sagt Laura. Christian reagiert nicht. Laura geht leise zur Tür.

„Darf ich dich anrufen? Später irgendwann?“, fragt Christian.

„Klar“, sagt Laura, „ich warte.“

Der Todeslauf

Nina Wagner

1 Der Traum vom Sieg

Sven Böhmer stand im Badezimmer und rasierte sich. Im Spiegel sah er einen Mann Anfang dreißig mit kurzen blonden Haaren und **strahlendblauen** Augen. Er war groß, schlank und muskulös. Seine sportliche Figur verdanke er seinem Beruf und Hobby, dem **Triathlon**.

Dieser Samstagmorgen im Mai war ein ganz besonderer Tag für Sven. In nur wenigen Stunden würde der wichtigste Wettkampf seiner Karriere beginnen: der Triathlon von Köln. Wenn er heute gewinnt, könnte er sich seinen Platz in der Triathlon-Nationalmannschaft sichern und sein größter Traum würde **in Erfüllung gehen**. Für diesen Tag hatte er in den vergangenen Monaten täglich hart trainiert. Ihm fehlte nur noch ein Sieg, um sich für die Nationalmannschaft zu qualifizieren. Weder für seine Freunde, noch für seine Familie hatte er Zeit gehabt. Von morgens bis abends hatte er trainiert, um seine Bestzeit um ein paar Minuten steigern zu können. Da er sich im letzten Training wirklich verbessert hatte, ging er mit einem guten Gefühl in diesen Wettkampf.

strahlendblau	intensiv hellblau
Triathlon *m*	Sportart aus Laufen, Schwimmen und Radfahren
in Erfüllung gehen	real werden, Wirklichkeit werden
Neoprenanzug *m*	Schutzanzug vor Kälte beim Schwimmen
überheblich	arrogant
aneinandergeraten	sich streiten

Sven Böhmer zog sich rasch an und packte seine Sporttasche mit den Laufschuhen, der Schwimmbrille, dem **Neoprenanzug**, dem Laufanzug, mehreren Trinkflaschen und dem Fahrradhelm. Sein Fahrrad hatte er schon einen Tag vorher am Trainingshaus abgegeben, da der Techniker es noch einmal kontrollieren wollte.
Ein bisschen nervös, aber gut gelaunt stieg Sven Böhmer in sein neues Cabriolet und machte sich auf den Weg zum Vereinshaus am Rande von Bonn.

Übung 1: Lesen Sie weiter und entscheiden Sie: Welches Wort passt? Unterstreichen Sie die richtige Lösung!

Als er am Vereinshaus des Triathlon Clubs Bonn (TCB) ankam, warteten die anderen Triathleten aus seiner Mannschaft bereits auf ihn. Auch sein größter Konkurrent, Felix Habermann, stand vor dem Mannschaftsbus, der alle zum Wettkampf nach Köln **1.** bringen / liefern sollte.
Felix Habermann war zwar in Svens Mannschaft, aber gleichzeitig auch sein größter Konkurrent um den Platz in der Nationalmannschaft. Vor allem im Laufen war er schnell, aber Sven fühlte sich heute **2.** schlecht / gut und war in Siegerstimmung. Er grinste Felix an:
„Na, freust du dich schon auf deinen zweiten Platz?" Felix stieg ohne eine Antwort in den Bus ein. Er konnte Svens **überhebliche** Art nicht leiden. Schon oft war er deshalb mit ihm **aneinandergeraten**.

Nach 40 Minuten kamen sie am **3.** Wettkampfort / Arbeitsplatz in Köln an und der Trainer besprach mit den Sportlern noch einmal kurz die Strecke: Nach 3,8 km Schwimmen im Rhein ging es 180 km mit dem Fahrrad durch das Kölner Umland. Der abschließende **Marathon** durch die **4.** Zentrum / Innenstadt endete im Fußballstadion des 1. FC Köln.

Aufgrund des schönen Wetters wurden entlang der Strecke bis zu 100.000 Zuschauer erwartet. Sven **bekam eine Gänsehaut** bei dem Gedanken, wie er als Erster in das volle Stadion einlaufen würde. Er konnte den Applaus der Zuschauer schon hören.

Marathon *m*	Lauf über 42,195 km
eine Gänsehaut bekommen	Reaktion der Haut bei Kälte oder Angst

Kurz bevor Sven an den Startpunkt am Ufer des Rheins[i] ging, schickte er seiner Freundin noch eine WhatsApp-Nachricht: „Stell schon mal den Champagner kalt, heute Abend wird gefeiert", schrieb er unter das Selfie, das ihn mit siegessicherem Lächeln zeigte. Er legte das Handy zu seinen anderen Sachen in den Schrank der Umkleidekabine und machte sich auf den Weg zum Startpunkt. Er war aufgeregt, denn dies war für ihn der wichtigste Lauf des Jahres. Nur noch ein Sieg! Nur noch dieser Sieg! Dann würden seine Träume wahr werden.

Die Quelle des Rheins liegt in der Schweiz und er mündet in die Nordsee. Es ist nicht nur eine stark befahrene Wasserstraße. Auch in der Literatur und der Musik spielt der Rhein eine große Rolle.

Übung 2: Ordnen Sie zu!

1. ☐ einen Traum	a) vor Augen haben
2. ☐ den Erfolg	b) haben
3. ☐ das Ziel	c) verwirklichen
4. ☐ eine Niederlage	d) wegstecken
5. ☐ den Wunsch	e) genießen

2 Der Wettkampf

Sven konnte gut starten und hatte bereits im Wasser einen kleinen Vorsprung zu seinen Konkurrenten. Als er aus dem Wasser kam, zog er seine Fahrradbekleidung an. Er trank einen großen Schluck aus der Trinkflasche, die ihm ein Helfer gereicht hatte und fuhr los. Felix **heftete sich an** ihn und verfolgte ihn. Sie fuhren immer dicht hintereinander. Einmal war Sven **eine Nasenlänge** vorne, einmal Felix. Sven kam als Erster zum letzten Wechsel. Er ließ sein Fahrrad fallen, wechselte seine Schuhe und rannte los.

sich an jn. heften	jn. verfolgen, direkt hinter jm. bleiben
eine Nasenlänge	*hier*: ein kleiner Abstand
Siegerehrung *f*	Moment nach einem Wettkampf, wenn die Gewinner gefeiert werden und ihre Preise bekommen
ohnmächtig	(für kurze Zeit) ohne Bewusstsein

Mit ihm zusammen waren Felix Habermann und fünf weitere Sportler im ersten Feld. Obwohl insgesamt schon fast 200 km hinter ihm lagen, fühlte er sich noch nicht am Ende seiner Kraft. Das harte Training der letzten Monate hatte sich gelohnt.

Nach 7:25:43 Stunden konnte Sven das Fußballstadion sehen. Er rannte immer schneller und konnte den Abstand zu Felix vergrößern. Sven Böhmer lief als Erster ins Ziel. Er hatte es geschafft. Er hatte den Triathlon von Köln gewonnen und seinen Platz in der Nationalmannschaft so gut wie sicher. Gleichzeitig hatte er eine neue Bestzeit von 7 Stunden und 38 Minuten erreicht! Sein Herz raste von der Anstrengung und vor Freude. Er hörte das Blut in seinem Kopf rauschen.

Übung 3: Lesen Sie weiter und ergänzen Sie die richtigen Verben im Präteritum!

sterben | gehen | schicken | versuchen | müssen

Vor der offiziellen **Siegerehrung** 1. ______ alle Sportler für die Dopingkontrolle eine Urinprobe abgeben. Das war nach einigen Dopingskandalen ein fester Bestandteil jedes Wettkampfes geworden. Sven 2. ______ seiner Freundin eine Nachricht, in der er sie zu einem gemeinsamen Essen in ihr Lieblingslokal einlud. Danach 3. ______ er duschen. Seit dem Ende des Triathlons hatte er Probleme mit dem Kreislauf. Doch auch nach der Dusche hörte das Herzrasen nicht auf. Er spürte das Blut in seinem Kopf rauschen und ihm wurde schwindlig. Dann fiel er zu Boden und wurde **ohnmächtig**.

Der herbeigerufene Notarzt 4. ______ Sven zu reanimieren, doch es kam jede Hilfe zu spät. Sven Böhmer 5. ______ noch in der Umkleidekabine des Fußballstadions des 1. FC Köln.

3 Mehr als nur ein Unfall?

Kommissar Manuel Weber wollte sich gerade mit seinem Motorrad auf den Weg in die nahe liegende **Eifel** machen, als das Telefon klingelte. Er überlegte kurz, ob er den Anruf annehmen sollte. Es war das Polizeipräsidium.

„Manuel, es gab einen toten Sportler nach dem Triathlon. Da die Todesursache noch nicht geklärt ist, soll jemand von der **Kripo** dazukommen“, erklärte ihm seine Kollegin aus der **Einsatzzentrale**.

„Heute ist mein freier Tag, kann das nicht jemand anderes machen?“, fragte Weber etwas genervt. Es war nicht das erste Mal, dass er an seinem freien Tag zu einem Einsatz gerufen wurde.

„Ich weiß Manuel, aber die Kollegen sind im Moment alle unterwegs. Das dauert sicher nicht allzu lange. Es klingt nach einer reinen **Routinegelegenheit**.“

Eifel *f*	nordwestlicher Teil des Rheinischen Schiefergebirges
Kripo (Kriminalpolizei) *f*	Abteilung innerhalb der Polizei für die Verfolgung und Verhütung von Straftaten, z. B. Mord
Einsatzzentrale *f*	*hier*: Zentrale, welche die Einsätze der Polizei steuert
Routineangelegenheit *f*	Gewohnheit
missmutig	schlecht gelaunt

Kommissar Weber machte sich **missmutig** auf den Weg ins Fußballstadion. Nicht nur, dass es ihm widerstrebte, als Dortmund-Fan in dieses Stadion zu fahren, sondern er hatte auch keine

Lust, sich mit der ganzen versammelten Presse abzugeben und im schlimmsten Fall noch eine Presseerklärung abgeben zu müssen.

sich abgeben mit	negativ für: sich mit jm. beschäftigen
sich schnell verbreiten	schnell bekannt werden
leblos	ohne Leben, tot
ermitteln	einen Fall untersuchen

Als er vor dem Stadion ankam, sah er bereits eine Traube von Menschen. Auch der lokale Fernsehsender war bereits da, denn die Nachricht vom Tod von Sven Böhmer hatte sich schnell verbreitet. Ein junger Sportler bricht nach dem Wettkampf tot zusammen, das interessierte die Medien.
Manuel Weber kämpfte sich durch die Menschenmenge und suchte sich einen uniformierten Kollegen.
„Kriminalpolizei Köln", stellte er sich vor und zeigte dem Beamten seinen Dienstausweis. Der junge Kollege brachte ihn in die Umkleidekabine, wo der leblose Körper von Sven Böhmer auf dem Boden lag. Um ihn herum standen einige Sportler, die sprachlos auf die Leiche starrten. Manuel Weber suchte den Notarzt.

Das Verb *fortfahren* bedeutet 1. eine Tätigkeit weitermachen und 2. wegfahren.
*1. Fahren Sie bitte mit der Aufgabe drei **fort**!*
oder:
*2. Hier darf man nicht parken. Könnten Sie bitte Ihr Auto **fortfahren**?*

„Können Sie schon etwas Genaueres zur Todesursache sagen?", fragte er den Notarzt.
„Der Tote heißt Sven Böhmer. Er ist der Gewinner des Triathlons", erklärte ihm dieser. „Wie es aussieht, ist er an einem Herzinfarkt gestorben. Vermutlich eine Überanstrengung durch den Wettkampf", fuhr er fort.
„Seit wann ermittelt die Kripo bei einem Herzinfarkt?", fragte Manuel Weber genervt. Er hätte in diesem Moment auf seinem

Motorrad sitzen und das schöne Wetter bei einem Ausflug genießen können.

„Ich habe darum gebeten", sagte ein großer, schlanker Mann. Er hatte gerade den Raum betreten. In seiner Hand hielt er einige Dokumente. „Darf ich mich vorstellen, mein Name ist Dr. Gierlich, ich bin der **leitende** Wettkampfarzt. Wir haben gerade das Schnelltestergebnis der Dopingprobe von Sven Böhmer erhalten. Sie war positiv."

leitend	führend
ehrgeizig	unbedingt Erfolg haben wollen

„Das kann nicht sein", sagte ein Mann, der die ganze Zeit neben Sven auf dem Boden gesessen hatte. „Sven hat nicht gedopt. Das hatte er gar nicht nötig." Der Mann war Svens Trainer beim Triathlon Club Bonn. Er erklärte dem Kommissar, dass Sven ein **ehrgeiziger** Sportler war. Er hätte nie seinen Platz in der Nationalmannschaft durch Doping riskiert.

Übung 4: Welche Aussagen sind richtig? Kreuzen Sie an!

1. Sven und Felix waren Freunde. ☐
2. Der Triathlon fand in Köln statt. ☐
3. Der Notarzt hat in Svens Blutprobe Dopingmittel gefunden. ☐
4. Manuel Weber wohnt in der Eifel. ☐
5. Manuel Weber fährt in seiner Freizeit gerne Motorrad. ☐

‚Das wird hier wohl noch etwas länger dauern', dachte Manuel Weber und begann damit, die Zeugen zu befragen. Fast jeder war

sich sicher, dass Sven Böhmer nie Dopingmittel genommen hatte. Jemand musste **nachgeholfen haben**. Hatte ihm jemand das Mittel **heimlich** gegeben? Aber wer? Und wie war das Mittel in den Körper von Sven Böhmer gelangt?
Manuel Weber bemerkte einen jungen Mann, der während der ganzen Zeit nichts gesagt hatte. Er stand in einer Ecke der Umkleidekabine und starrte auf den Boden. Sein Gesicht war blass.
„Kannten Sie den Toten?", fragte Weber den Mann. Es war Felix Habermann.
„Sven und ich haben zusammen beim TCB trainiert. Ich … ich weiß nicht, was ich sagen soll", **stotterte** er.
„Waren Sie mit Sven Böhmer befreundet", fragte Manuel Weber interessiert.
„Mit Sven konnte man gar nicht befreundet sein. Seine arrogante Art konnte niemand richtig leiden. Das ging nicht nur mir so. Er **hielt sich für** den besten Triathleten aller Zeiten."
Manuel Weber hörte aufmerksam zu. War das vielleicht eine erste Spur? Wollte Felix seinen Konkurrenten ausschalten, um selbst die Nummer eins zu sein?
„Dann **kommt** Ihnen der Tod des Konkurrenten ja ganz **gelegen**", provozierte ihn Weber.
„Was? Nein! Sie denken, dass ich etwas mit seinem Tod zu tun habe? Um Gottes willen! Ich mochte Sven wirklich nicht, aber ich bin doch kein Mörder!" Felix strich sich nervös seine braunen Haare aus dem Gesicht und sah sich hilfesuchend im Raum um.

nachhelfen	helfen, damit etw. besser funktioniert
heimlich	etw. so machen, dass es niemand mitbekommt
stottern	stockend/nicht flüssig sprechen
sich halten für	etw. von sich selbst denken
gelegen kommen	für jn. günstig/passend sein

Alle sahen ihn an, denn jeder [i] wusste, dass er und Sven nicht nur einmal Streit gehabt hatten.
„Ich war es nicht", wiederholte Felix, „so etwas könnte ich niemals tun."
„Vielleicht wollten Sie ihn nicht töten, aber seinen Platz in der Nationalmannschaft haben", **erwiderte** Weber. „Ein positiver Dopingtest wäre das Ende seiner Karriere gewesen. Und Sie hätten den Platz bekommen."

Übung 5: Ersetzen Sie die unterstrichenen Satzteile durch Pronomen!

1. Der Trainer gibt der Sportlerin Tipps.

   ____

2. Felix war der schärfste Konkurrent von Sven.

   ____

3. Die anderen Sportler standen schockiert um Sven herum.

   ____

4. Der Kommissar reicht seinem Kollegen eine Tasse Kaffee.

   ____

Felix wollte gerade protestieren, da klingelte das Handy des Kommissars. Manuel Weber hörte dem Anrufer eine Weile zu.
„Gut. Vielen Dank. Gute Arbeit!" Weber steckte das Handy zurück in die Innentasche seiner braunen Lederjacke.
„Das waren die Kollegen von der **Spurensicherung**. Man hat die

Trinkflaschen von Sven Böhmer an den Wechseln untersucht. In einer Flasche wurde das gleiche Dopingmittel gefunden wie in seinem Urin", erklärte er. Jemand hatte das Mittel also vor dem Wettkampf gezielt in diese Flasche getan.

erwidern	antworten
Spurensicherung *f*	Abteilung innerhalb der Polizei, die z. B. nach Fingerabdrücken sucht
aufnehmen	*hier*: protokollieren, notieren

„Felix Habermann, wo waren Sie vor dem Wettkampf?"

„Ich hatte eine Behandlung bei meinem Physiotherapeuten. Er hat mich nach Köln begleitet, da ich seit ein paar Wochen von ihm behandelt werde. Ich habe seit einer Knieverletzung immer noch Probleme. Deshalb hat mich mein Physiotherapeut bis kurz vor dem Start behandelt. Rufen Sie ihn an. Er kann alles bestätigen." Felix gab dem Kommissar sein Handy und wirkte dabei erleichtert.

Der Physiotherapeut konnte das Alibi von Felix bestätigen. Felix hatte keine Gelegenheit gehabt, das Dopingmittel vor dem Start in die Flasche zu geben.

Wer hatte außer Felix noch ein Motiv? Wer hatte die Möglichkeit, unbemerkt an die Trinkflaschen zu kommen?

Alle oder *jeder*?
Beide bezeichnen die Gesamtheit einer Menge. *Alle* verwendet man im Plural und *jede/jeder/jedes* im Singular; die Endung richtet sich hier nach dem Nomen.
***Alle** Sportler sind ehrgeizig.*
***Jeder** Sportler ist ehrgeizig.*

Manuel Weber **nahm** noch die Aussagen der anderen Teamkollegen **auf.** Dann verabschiedete er sich.

Einen Streifenwagen hatte er bereits zur Familie von Sven geschickt, um sie über den Tod ihres Sohnes zu informieren. Im Laufe seiner zwanzig Dienstjahre hatte er gemerkt, dass ihm für

Feinfühligkeit *f*	Sensibilität
beschließen	zu einer Entscheidung kommen
Kölsch *n*	regionales Bier aus Köln, meist in kleinen Gläsern serviert
kurvenreich	mit vielen Kurven (z. B. bei einer Straße)

diese Gespräche die nötige **Feinfühligkeit** fehlte. Daher überließ er das den Kollegen.

Es war zu spät geworden, um seine Motorradtour in die Eifel noch zu starten. Daher machte er sich auf den Weg zum Polizeirevier, um das Protokoll zu schreiben. Die Aussagen der Teamkollegen hatten ihn auf keine neue Spur gebracht. Zwar war Sven bei ihnen nicht besonders beliebt gewesen, aber ein Motiv für einen Mord hatte keiner.

Manuel Weber sah auf die Uhr. Es war bereits nach 23 Uhr, aber er war noch nicht müde. Daher **beschloss** er, noch ein paar **Kölsch** in der Kneipe an der Ecke zu trinken.

Am nächsten Tag wurde Manuel Weber durch das Klingeln seines Handys geweckt.

„Manuel, wo bleibst du? Wir warten hier alle auf dich. Die Dienstbesprechung im Fall ‚Triathlon' hat bereits angefangen, nur du bist noch nicht da!" Es war die Stimme von seinem Kollegen Timo Maier.

Übung 6: Lesen Sie weiter und ergänzen Sie die richtigen Präpositionen!

Manuel Weber sah **1.** ________ die Uhr: halb elf! Er hatte gestern in der Kneipe noch ein paar alte Kollegen getroffen und war erst weit nach Mitternacht **2.** ________ Hause gekommen und dann bei einem Kriminalfilm auf dem Sofa eingeschlafen. Nun tat ihm der Rücken weh. Er stand auf, duschte kurz und zog sich frische Kleidung an. Danach machte er sich auf den Weg zur Arbeit. Da es ein sonniger, schöner Tag war, fuhr Manuel Weber auf seiner „Lady" zur Arbeit. Das war zwar nicht dasselbe wie eine Tour 3. ________ die schöne, **kurvenreiche** Eifel, aber besser als nichts.

Eine halbe Stunde später kam der Kommissar auf dem Polizeirevier an. Seine Laune war schlecht, denn er hasste nichts mehr, als den Tag ohne eine schöne Tasse Kaffee zu beginnen. Das konnte auch die Fahrt mit dem Motorrad nicht ändern.

Als er in den Besprechungsraum kam, sah er seinen Chef. Er wirkte aufgeregt und kam 4. ________ einer Zeitung in der Hand auf Weber zu.

„Hast du das schon gelesen? Das Telefon klingelt hier bereits den ganzen Morgen."

„Was ist das?", fragte Weber.

Mord nach Kölner Triathlon, lautete die Überschrift 5. ________ der Kölner Tageszeitung.

Diese Presseleute können nicht einmal warten, bis wir ihnen die richtigen Informationen liefern", brummte Weber und nahm sich einen Kaffee. Er war am Tag zuvor nach der Zeugenbefragung aus dem Stadion verschwunden, ohne der Presse ein Interview zu geben. Er hatte einfach keine Lust, die Fragen der Journalisten zu beantworten. Es gab ja auch noch nicht viel zu berichten. Deshalb hatte die Presse sich eine eigene Geschichte um den Tod von Sven Böhmer gebaut.

verlassen	weggehen
ausgiebig	intensiv
leiden unter	durch etw. oder jn. einen Schaden haben
auf den Zahn fühlen	genau nachhören, nachfragen

Während der Besprechung mit den Kollegen erfuhr Manuel Weber, dass die Spurensicherung am Tag zuvor noch in die Wohnung von Sven Böhmer gefahren war. Dort konnten sie aber nichts Auffälliges finden. Es gab keine Spuren von Dopingmitteln oder andere Hinweise darauf, dass Sven das Mittel selbst in die Flasche getan hatte, um seine Leistung zu verbessern.

„Manuel, die Freundin von Böhmer wartet mit seinen Eltern in deinem Büro auf dich. Sie müssen noch ihre Aussagen machen". Sein Kollege Timo Maier zeigte auf die offene Türe zu Webers Büro.

Manuel Weber ging auf das Büro zu. Vor der Tür atmete er tief durch und trat ein. Er mochte diese Momente überhaupt nicht, weil er nie wusste, was er sagen sollte. Und dann sagte er meistens genau das Falsche.

Zwei Stunden später **verließ** Svens Familie das Büro des Kommissars. Weber atmete tief durch. Jetzt brauchte er dringend noch eine Tasse Kaffee. Er hatte es geschafft, nichts Blödes zu sagen und sich kommentarlos jede Geschichte aus Svens Leben angehört. Svens ganzes Leben war der Sport. Für seinen sportlichen Erfolg hatte er täglich trainiert. Trotzdem ging er in seiner Freizeit in Diskos und feierte gerne bis in die Morgenstunden mit seinen Freunden in seinem Ferienhaus in der Eifel. Zu seinen

Eltern hatte er einen guten Kontakt und sie begleiteten ihren Sohn normalerweise zu jedem Wettkampf. Nur an diesem Tag konnten sie nicht kommen, weil Svens Tante ihren 80. Geburtstag gefeiert hatte. Sven hatte vorgehabt, nach dem Wettkampf zur Feier nachzukommen. Später am Abend hatte er mit seiner Freundin essen gehen wollen, um seinen Sieg **ausgiebig** zu feiern. Aber dazu kam es nicht mehr.

Manuel Weber dachte über das Gespräch mit den Eltern und der Freundin nach. Gab es ein Anzeichen, dass jemand aus der Familie Sven das Dopingmittel in die Flasche gegeben hatte? Svens Vater war stolz auf seinen Sohn und die Erfolge. Das konnte Weber in dem Gespräch merken. War es dem Vater vielleicht wichtiger als dem Sohn, dass Sven in der Nationalmannschaft trainieren kann? Manuel Weber schüttelte den Kopf. Das konnte er sich nicht vorstellen.

> Groß oder klein?
> Nach den Wörtern *etwas, viel, alles, wenig, lauter, manches, allerlei* und *nichts* werden Adjektive großgeschrieben.
> *Der Polizist bemerkte* ***nichts Auffälliges.***
> *Der Kommissar hörte* ***allerlei Interessantes.***

Aber was war mit Svens Freundin? Sie **litt unter** seinem Ehrgeiz, denn durch das harte Training hatte er kaum Zeit für sie. Und das wäre in der Nationalmannschaft sicher noch schlimmer geworden. Vielleicht wollte sie ihm schaden. Ein Triathlet, der dopt. Seine Karriere als Sportler wäre zu Ende gewesen und er hätte mehr Zeit für seine Freundin gehabt. Aber hätte sie riskiert, ihn durch das Dopingmittel zu töten? Manuel Weber beschloss, der jungen, hübschen Frau zu einem späteren Zeitpunkt noch einmal **auf den Zahn zu fühlen**.

Übung 7: Helfen Sie dem Kommissar! Warum hat jemand Sven heimlich das Dopingmittel gegeben? Finden Sie 5 Nomen!

M	D	J	E	F	G	H	R	C	B
E	I	F	E	R	S	U	C	H	T
A	M	K	G	U	B	N	V	R	L
R	L	F	N	E	I	D	L	P	T
T	H	C	K	S	L	J	E	R	F
T	W	U	T	B	W	U	C	A	G
Z	U	S	L	T	Y	F	P	C	R
E	H	R	G	E	I	Z	B	H	K
I	S	W	P	U	V	C	I	E	K

4 Die Motorradtour

Seit dem Mord an Sven Böhmer war eine Woche vergangen und noch immer gab es keine Spur.

Es war Samstagmorgen und Manuel Weber stand auf dem Balkon seiner Kölner Wohnung. Es war leicht bewölkt, aber der Wetterbericht versprach einen warmen und sonnigen Nachmittag. Manuel Weber trank einen Schluck Kaffee und überlegte, was er mit seinem freien Tag anfangen sollte. Er hatte seine Eltern schon länger nicht mehr besucht. Er könnte zu ihnen fahren. Allerdings wusste er, dass seine Mutter sicher wieder einige Aufträge für ihn hatte. Meistens funktionierte der Computer nicht, oder Manuel musste etwas anderes reparieren. Außerdem dauerte es sicher Stunden, bis er wieder wegfahren konnte, und dann war sein freier Tag vorbei. Dazu hatte er nach der anstrengenden Woche keine Lust. Er wollte sich einfach etwas entspannen und den Kopf frei bekommen, denn im Fall Böhmer **drehte** er **sich im Kreis**. Immer wieder versuchte er, die kleinen Puzzleteile in diesem Fall zu einem Bild zu formen, aber es **ergab** alles **keinen Sinn**. Viele Leute im Umfeld von Sven Böhmer hatten ein Motiv, ihm zu schaden, aber bis heute war er keinen Schritt weiter. Die Alibis waren **wasserdicht**. Felix Habermann kam als Täter nicht

sich im Kreis drehen	*hier*: nicht weiterkommen, keinen Fortschritt machen
keinen Sinn ergeben	sinnlos/unlogisch sein
wasserdicht	*hier*: lückenlos, hundertprozentig sicher

in Frage und Svens Freundin war den ganzen Vormittag beim Frisör gewesen und danach mit einer Freundin shoppen. Das hatten sowohl die Freundin als auch die Quittungen der vielen Bekleidungsgeschäfte bewiesen. Aber das Mittel war ja nicht von alleine in die Trinkflasche gekommen. Oder wollte am Ende doch Sven seinem Erfolg nachhelfen? Dann wäre da aber die Frage, von wem er das Dopingmittel bekommen hatte. Die Analyse hatte gezeigt, dass es sich um ein sehr seltenes Mittel handelte. Ein hochkonzentriertes Mittel, das vor allem das Herz schneller schlagen lässt. Dadurch kann mehr Blut in den Körper gepumpt werden, sodass der Körper mehr leisten kann. Das war zu viel für das Herz von Sven gewesen, und er bekam nach dem Wettkampf einen Herzinfarkt, an dem er schließlich starb. Wusste Sven, wie gefährlich das Mittel war? Und wenn ja, warum hatte er sogar seinen Tod riskiert, nur um zu gewinnen? Außerdem wusste er doch, dass es immer häufiger Dopingkontrollen gab und ein positives Dopingergebnis seine Karriere sofort beendet hätte. Der Kommissar wollte nicht an diese Theorie glauben. Wenn es aber Mord war, blieb die Frage offen, wie der Täter an die Trinkflasche von Sven Böhmer gekommen war. Jeder Sportler hatte seine eigenen Flaschen. Diese Flaschen wurden vor dem Start aufgefüllt und entlang der Wettkampfstrecke und an den Wechseln abgegeben, damit die Sportler nach einer Disziplin genug trinken konnten. Wann und wo war das Dopingmittel in die Flasche gekommen? Vielleicht hatte er doch etwas **übersehen**.

übersehen	nicht sehen, nicht bemerken
den Gedanken beiseiteschieben	an etw. anderes denken
einen Blick auf etw. werfen	etw. kurz ansehen

Manuel Weber **schob den Gedanken beiseite**. Heute war sein freier Tag und er wollte auf keinen Fall über die Arbeit nachdenken. Also, was könnte er an diesem schönen Tag machen? Er erinnerte sich an die Motorradtour, die er schon am vergangenen Samstag machen wollte, als der Anruf kam und er auf seinen geplanten Ausflug verzichten musste.

Übung 8: Formen Sie die Sätze ins Passiv oder Aktiv um!

1. Der Kommissar untersucht den Fall.

   ____

2. Die Zeugen wurden von Manuel Weber befragt.

   ____

3. Sven Böhmer lud seine Freundin in ihr Lieblingslokal ein.

   ____

4. Das Dopingmittel muss vom Labor untersucht werden.

   ____

5. Am Ende wird der Mörder von der Kripo festgenommen.

   ____

Manuel Weber konnte es gerade noch schaffen, wenn er sich jetzt fertigmachte.

Er zog sich seine Motorradbekleidung an und **warf** noch einmal **einen Blick auf** die Landkarte. Die Tour hatte eine Gesamtlänge von ungefähr 150 km und verlief quer durch die Eifellandschaft.

Auf halbem Weg lag der Nürburgring. An der alten Formel-1-Rennstrecke könnte er eine Pause machen und den Hobbyrennfahrern zusehen, wie sie ihre Autos auf der Strecke kaputtfuhren. Seit Jahren war die Rennstrecke an den Wochenenden für alle offen, die mit ihrem privaten Auto eine Runde drehen wollten. Da die meisten keine professionellen Rennfahrer waren, kam es immer wieder zu kleineren Unfällen. Manuel Weber hatte immer großen Spaß, das zu beobachten. Ein idealer Ort für eine kurze Pause.

sich stauen	stocken, nicht fließen
passieren	*hier*: vorbeifahren
ϟ die Hölle los sein	sehr viel los sein

Als Weber seine kleine Wohnung am Rande von Köln verließ, waren nur noch wenige Wolken am Himmel. Es war nicht zu warm, genau richtig, um mit dem Motorrad zu fahren. Er startete seine Maschine und verließ Köln Richtung Süden. Da er nicht der Einzige war, der das schöne Wetter im Grünen genießen wollte, **staute sich** der Verkehr auf der Autobahn. Wie jedes Jahr zog es die Leute aus der Stadt heraus, sobald die ersten warmen Tage kamen.

Die Eifel eignet sich ausgezeichnet zum Motorradfahren, weil sie sehr kurvenreich und bergig ist.
Ein besonders hügeliger Teil, die sogenannte Vulkaneifel, besteht aus inaktiven, aber auch aus aktiven Vulkanen. Die Eifel ist aber auch als Weinbaugebiet bekannt.

Deshalb entschied sich Weber, die Autobahn schon früher zu verlassen und über die Voreifel Richtung Nürburgring zu fahren. Er **passierte** die kleinen, malerischen Orte Altenahr und Adenau und fuhr an der Ahr entlang Richtung Nürburg. Da das Wetter schön war, waren viele Motorradfahrer unterwegs. Weber hob die Hand, wenn er an ihnen vorbeifuhr. Das war der Gruß unter Motorradfahrern.

Übung 9: **Lösen Sie das Rätsel! Die rot markierten Buchstaben ergeben das Lösungswort.**

Kommissar Weber ermittelt in einem:

__ __ __ __ __ __ __ __

1. Das sollte man beim Motorradfahren auf dem Kopf tragen: __ __ __ ☐
2. Das Ziel des Triathlons war im: __ __ __ __ __ ☐ __
3. Abteilung der Polizei, z. B. für Mord: __ ☐ __ __ __
4. Wenn Sportler unerlaubte Substanzen nehmen, nennt man das: ☐ __ __ __ __ __
5. Beim Triathlon muss man 180 km __ __ __ __ __ __ __ ☐ __ __ __ __ __
6. Wie nennt Manuel Weber sein Motorrad? __ ☐ __ __
7. Wohin unternimmt Weber seinen Motorrad-Ausflug? In die __ __ __ __ ☐
8. Wie heißt Böhmers Konkurrent im Triathlon mit Vornamen? __ __ ☐ __ __

Als er am Nürburgring ankam, war dort die Hölle los. Autos und Motorräder fuhren dicht an dicht hintereinander her. Jeder wollte seine PS zeigen. Manuel Weber musste schmunzeln, da dieses „Sehen-und-gesehen-Werden überhaupt nicht seine Art war. Er versuchte an der **Blechschlange** vorbeizukommen und steuerte auf ein Café zu, das direkt an der Rennstrecke lag. Von dort aus hatte er einen sehr guten Blick auf die vorbeirasenden Fahrzeuge auf der Rennstrecke und konnte das Spektakel bei einem Kaffee genießen. Wie vermutet, ließ der erste Unfall auch nicht lange auf sich warten. Ein Porschefahrer hatte in einer steilen Kurve die Kontrolle über sein Auto verloren[i] und hatte **sich** mehrmals **überschlagen**. Der Fahrer, ein Mann Mitte Zwanzig, stand verzweifelt neben seinem Auto. Er war glücklicherweise unverletzt geblieben, aber sein Auto war komplett kaputt.

ϟ **Blechschlange** *f*	viele Autos hintereinander
sich überschlagen	sich um die eigene Achse drehen
Schadenfreude *f*	Freude über den Schaden / das Unglück von anderen
verbergen	verstecken
Asphalt *m*	Bodenbelag auf Straßen
Siegprämien *pl*	Geld, das man bekommt, wenn man gewinnt
das Gesicht verziehen	ein komisches Gesicht machen

‚Das war ein teurer Ausflug für ihn', dachte sich Weber und konnte eine gewisse **Schadenfreude** nicht **verbergen**. Keine Versicherung der Welt würde diesen Schaden bezahlen, vor allem, da es sicherlich nicht sein Auto war, das nun in Einzelteilen vor ihm lag. Oder woher hätte ein Mann in diesem Alter das Geld für ein so teures Auto haben können? Mit Sicherheit war es das Auto seines Vaters gewesen. Weber musste erneut grinsen, bei dem Gedanken an das Gesicht des Vaters, wenn er den traurigen Rest seines Autos sieht.

Es gibt viele Wendungen mit dem Verb *verlieren: die Lust verlieren = keine Lust mehr haben; den Verstand verlieren = verrückt werden; das Herz verlieren = sich verlieben; die Sprache verlieren = vor Erstaunen nichts mehr sagen können.*

Übung 10: **Ergänzen Sie die richtige Präposition, falls nötig, mit Artikel!**

a) Ich war ... b) Ich gehe / fahre / fliege ...

c) Ich komme ...

	a)	b)	c)
1.	_______ Eifel.	_______ Eifel.	_______ Eifel.
2.	_______ England.	_______ England.	_______ England.
3.	_______ Hause.	_______ Hause.	_______ Hause.
4.	_______ Strand.	_______ Strand.	_______ Strand.
5.	_______ Sven.	_______ Sven.	_______ Sven.

Er konnte die Leidenschaft für teure und schnelle Autos nicht verstehen. Für ihn war es viel schöner, mit seiner „Lady" gemütlich durch die Natur zu fahren und die Landschaft zu genießen, anstatt über den **Asphalt** zu rasen. Aber das war wohl typisch für diese Generation. Auch Sven Böhmer fuhr ja einen teuren, schnellen Sportwagen. Der war ihm am Stadion aufgefallen, weil die Spurensicherung auch in seinem Auto nach Hinweisen gesucht hatte. Der Wagen hatte sicher ein kleines Vermögen gekostet. Dass man als Fußballprofi viel Geld verdienen konnte, wusste Weber. Aber dass die **Siegprämien** beim Triathlon auch so gut waren, war neu für den Kommissar. Er hatte scheinbar den falschen Beruf ausgewählt.
Manuel Weber **verzog das Gesicht**. Schon wieder musste er an seinen Fall denken. Das ging ihm immer so, bis er einen Fall abgeschlossen hatte.

„Timo, kannst du mal in der Akte von Sven Böhmer nachsehen, was er beruflich gemacht hat. Er hat sein Geld doch nicht nur mit Triathlon verdient, oder?“

schickimicki	*negativ für:* schick und luxuriös
einem Gedanken nachhängen	über etw. nachdenken
Neider *m*	Mensch, der jm. etw. nicht gönnt
gönnen	jm. etw. ohne Neid zugestehen

Bevor der Kommissar es verhindern konnte, hatte er schon sein Handy aus der Jackentasche gezogen und die Nummer seiner Polizeidienstelle gewählt.

„Manuel, hier steht nur, dass Böhmer eine Ausbildung zum Bankkaufmann gemacht hat und bis vor fünf Jahren bei der Kölner Sparkasse gearbeitet hat. Danach hat er sich auf seinen sportlichen Erfolg konzentriert und bei der Bank gekündigt“, erklärte ihm sein Kollege Timo Maier.

„Aber warum willst du das an deinem freien Tag wissen?“

„Ich danke dir für die Information“, antwortete Weber und legte auf. Er griff zu der Kaffeetasse vor sich und trank einen großen Schluck.

Konnte man sich als ehemaliger Bankangestellter und Sportler so ein teures Auto leisten? Weber erinnerte sich an die Wohnung von Böhmer. Er war dort gewesen und hatte zusammen mit seinem Kollegen Maier nach Spuren gesucht. Aber weder im Auto noch in der Wohnung von Sven Böhmer konnten sie Hinweise darauf finden, dass Sven gedopt hatte. Die Wohnung war eine luxuriöse Altbauwohnung in Bonn mit Blick auf den Rhein. Die Möbel waren modern und hell. Weber mochte diese **Schickimicki**-Wohnungen nicht. Die Wohnung von Manuel Weber war klein, unordentlich und mit den nötigen Möbeln ausgestattet, die ein alleinstehender Mann braucht. Durch seine Arbeit war er meistens nur zum Schlafen dort.

Während Manuel Weber darüber nachdachte, wie man sich so einen Lebensstil leisten kann, bezahlte er seinen Kaffee und ging zu seinem Motorrad. Er verließ das kleine Café neben der Rennstrecke am Nürburgring und setzte seine Fahrt durch die Eifel fort.

Übung 11 : Ergänzen Sie!

zwar - aber | entweder - oder | weder - noch | nicht nur - sondern auch

1. Svens Freundin spricht ______ sehr gut Englisch, ______ kein Französisch.
2. Sven war ______ ein guter Läufer, ______ ein guter Schwimmer.
3. Heute Abend essen wir ______ beim Italiener, ______ wir kochen zu Hause.
4. Der Kommissar wohnt ______ in der Eifel, ______ in Bonn.

Während Manuel Weber seinen **Gedanken nachhing**, kam er immer wieder auf den Fall Sven Böhmer zurück. Hatte er vielleicht einen **Neider**, der ihm seinen Luxus nicht **gönnte**?
Manuel Weber erinnerte sich an das Verhör mit dem Konkurrenten von Sven, Felix Habermann. Er hatte ihm erzählt, dass Sven nach seinen Siegen oft wilde Partys in seinem Ferienhaus gefeiert hatte.

‚Nicht schlecht', dachte der Kommissar, ‚eine luxuriöse Altbauwohnung, der Sportwagen und ein Ferienhaus. Ein ungewöhnlicher Lebensstil für einen Sportler.'

Gegensprechanlage *f*	Anlage an Haustüren, um mit der Person, die vor der Türe steht, sprechen zu können
kräftig	*hier*: etw. dick

Manuel Weber konnte sich nicht mehr auf den Ausflug konzentrieren. Er hielt an und gab die Adresse des Ferienhauses in sein Navigationssystem ein. Das Ferienhaus war nur 20 Kilometer von seinem jetzigen Standort entfernt. An die Adresse konnte er sich zum Glück erinnern.

Manuel Weber wendete sein Motorrad und fuhr nach Schlebach. Schlebach lag an einem Waldrand. Von dort aus hatte man einen wunderschönen Blick über den Naturpark Eifel, und bei klarem Wetter konnte man sogar bis Köln sehen. Da es in Schlebach nicht viele Häuser gab, musste Weber nicht lange suchen, bis er das Ferienhaus von Sven Böhmer fand.

Es unterschied sich von allen anderen Häusern nicht nur in seiner Größe, sondern über dem Eingang des luxuriösen Anwesens hing auch eine Kamera. Da das Haus von einer hohen Mauer eingeschlossen war, konnte der Kommissar nur wenig vom Grundstück erkennen. Er überlegte nicht lang und drückte auf die Klingel.

„Ja, bitte?", sagte die Stimme aus der **Gegensprechanlage**.

„Mein Name ist Manuel Weber. Ich ermittle im Fall Sven Böhmer. Hätten Sie kurz Zeit, um mir ein paar Fragen zu beantworten?"

Es antwortete niemand, aber die große Eingangstür öffnete sich automatisch.

Der Kommissar ging auf die Eingangstür zu. Vor dem Haus parkte ein Sportwagen und im Garten hinter dem Haus konnte er einen großen Pool erkennen. In der Eingangstür stand eine kleine, etwas kräftigere Frau und sah den Kommissar verängstigt an. Sie hieß Elena und war die Haushälterin von Böhmer. Sie kümmerte sich um das Haus, wenn er nicht da war und bereitete alles für seine Besuche und Partys vor.

Übung 12: Formen Sie die Fragen in indirekte Fragesätze um oder umgekehrt!

1. Der Kommissar fragt den Mann: „Woher kommen Sie?"

____

2. Svens Freundin möchte wissen: „Wer hat Sven getötet?"

____

3. „Darf ich Ihnen vielleicht einen Kaffee anbieten?", fragte ihn die Haushälterin.

____

4. Der Kommissar wundert sich, wo sein Schlüssel ist.

____

5. Felix Habermann fragt seinen Freund, ob er am Wochenende trainiert hat.

____

„Darf ich Ihnen vielleicht einen Kaffee anbieten?", fragte ihn die Haushälterin.

„Gerne", antwortete Manuel Weber und setzte sich auf das weiße

Ampulle *f*	kleiner, dünner Glasbehälter
durchsichtig	klar, ohne Farbe

Ledersofa im Wohnzimmer. Die Einrichtung war genauso luxuriös wie die Möbel in der Bonner Wohnung. Er zweifelte immer stärker daran, dass man sich all das als Bankangestellter leisten konnte.

„War Sven Böhmer oft mit Freunden hier?", fragte er die Haushälterin. Sie wirkte sehr nervös.

„Ich bin hier nur für das Haus zuständig", stotterte sie und starrte dabei auf den Boden.

„Sie wissen doch mehr", sagte der Kommissar. „Wenn Sie uns helfen den Fall aufzuklären, verspreche ich Ihnen, dass Sie keine Schwierigkeiten bekommen."

„Ich weiß überhaupt nichts. Ich bin nur für das Haus und die Pakete zuständig." Elena zitterte am ganzen Körper. Tränen standen in ihren Augen.

„Was für Pakete?" Jetzt wurde der Kommissar neugierig.

„Ich weiß nicht, was es für Pakete waren. Ich sollte sie nur annehmen und in das Häuschen im Garten stellen. Mehr weiß ich wirklich nicht."

Manuel Weber stand auf und blickte in den Garten. Am Ende des Gartens stand ein kleines, weißes Häuschen. Er öffnete die Terrassentür und ging über die Wiese auf das Häuschen zu. Die Tür war verschlossen.

„Öffnen Sie bitte die Tür", sagte er zu der Haushälterin.

Elena öffnete mit zitternden Händen die Tür.

Es war dunkel in dem Häuschen, aber Manuel Weber konnte einige Pakete erkennen, die auf dem Boden in der Ecke standen. Er öffnete eines von ihnen. In dem Paket waren kleine **Ampullen** mit einer **durchsichtigen** Flüssigkeit. Weber betrachtete die Ampullen genau. War es das, was er glaubte?

Er griff in seine Lederjacke, zog sein Handy heraus und wählte erneut die Nummer seiner Dienststelle.
„Timo, schick mir bitte die Spurensicherung in das Ferienhaus von Sven Böhmer nach Schlebach. Und komm' am besten gleich selbst mit."
Timo Maier traf nach einer Stunde mit den Kollegen von der Spurensicherung in dem Ferienhaus ein. Gemeinsam durchsuchten sie das ganze Haus und das Grundstück. Sie fanden im Keller des Hauses weitere Kisten mit Ampullen ohne Beschriftung und Dosen mit einem unbekannten Pulver.
Sie packten alles in das Auto und fuhren zurück nach Köln, um den Inhalt der Ampullen und das Pulver im Labor untersuchen zu lassen.
Kommissar Weber hatte im Ferienhaus außerdem einige Ordner mit Unterlagen eingepackt, um sie sich später in aller Ruhe anzusehen.

Übung 13: Beantworten Sie die folgenden Fragen!

1. Was fand der Kommissar in den Paketen?

   ____

2. Warum fuhr der Kommissar nach Schlebach?

   ____

3. Warum vermutet Weber, dass Sven Neider hatte?

   ____

4. Wer ist Elena?

   ____

5 Der Fall Lilli Evens

Zurück auf der Polizeiwache begann Kommissar Weber sofort damit, sich die Ordner anzusehen. In einem von ihnen waren nur Listen mit Namen, aber auf den ersten Blick war kein bekannter Name dabei. In einem anderen befanden sich Bankunterlagen. Sie gehörten zu einem Schweizer Konto, auf dem sich insgesamt 400.000 Euro befanden.

„Manuel, du musst ins Besprechungszimmer kommen! Die Ergebnisse aus dem Labor sind da", rief sein Kollege ins Büro hinein. Manuel Weber stand auf und ging langsam den Flur entlang Richtung Besprechungszimmer. Er hatte es nicht eilig, denn er wusste ja, was in den Ampullen und Dosen war.

„Also, bei den Ampullen handelt es sich um ein seltenes Dopingmittel", sagte der kleine, dünne Mann im weißen Laborkittel.

‚Erzähl' mir etwas Neues', dachte sich Weber und musste zufrieden grinsen. Er hatte mal wieder den richtigen Riecher gehabt.

„Das habt ihr euch wahrscheinlich schon gedacht", fuhr der Laborant fort.

„Aber es gibt noch etwas." Der Laborant machte eine Pause und

Laborkittel *m*	Schutzkleidung für Laboranten oder Ärzte
ϟ den richtigen Riecher haben	die richtige Idee/ Spur haben
Laborant *m*	Helfer im Labor
fortfahren	*hier*: weitersprechen
Überdosis *f*	zu hohe / schädliche Dosis (z. B. bei Arzneimitteln)

fuhr dann mit geheimnisvoller Stimme fort. „Das Dopingmittel ist ganz genau das, welches wir schon bei Sven Böhmer gefunden hatten."

Weber kratzte sich am Kopf. Hatte Sven Böhmer am Ende doch riskiert zu sterben, nur um den Wettkampf zu gewinnen? War er am Ende Opfer seiner eigenen Drogen geworden?

Weber ging in sein Büro zurück und schloss die Tür hinter sich. Sein Blick fiel auf den Ordner mit den Namenslisten auf seinem Schreibtisch. Er nahm den Ordner und gab jeden einzelnen Namen in den Computer ein.

Es waren Sportler aus ganz Deutschland dabei. Bei einem Namen öffnete sich ein Zeitungsartikel aus dem Jahr 2011: Lilli Evens war eine erfolgreiche Sprinterin gewesen. Bis sie am 28.05.2011 nach einem Wettkampf tot zusammenbrach. Die Todesursache war eine Überdosis von einem seltenen Dopingmittel. Weber starrte auf den Monitor. Das konnte kein Zufall sein. Sven Böhmer hatte Lilli Evens das Dopingmittel verkauft. Da war sich der Kommissar ganz sicher.

Übung 14: Lesen Sie weiter und entscheiden Sie, welcher Konnektor passt!

denn | deshalb | dass | trotzdem | sondern

Er glaubte, **1.** ______ er jetzt endlich die letzten Antworten auf seine Fragen finden würde. **2.** ______ suchte er die Adresse von Lillis Familie. Sie wohnte in einem Vorort von Wuppertal. Manuel Weber beschloss, dorthin zu fahren und die Familie zu besuchen. Da es

mittlerweile schon später Abend geworden war, verschob er diesen Plan auf den nächsten Tag. Weil er noch nicht müde war, ging er mit ein paar Kollegen in seine Lieblingskneipe.
Am nächsten Morgen machte sich Manuel Weber schnell fertig. Er trank seinen Kaffee nicht wie sonst auf dem Balkon, 3. __________ schnell im Stehen. Er hatte es eilig, 4. __________ er wollte endlich seinen Fall abschließen. Er hatte das Gefühl, dass er heute der Auflösung ein gutes Stück näherkommen könnte. Es war deutlich kühler als am Tag zuvor. 5. __________ machte er sich mit seinem Motorrad auf den Weg nach Wuppertal.

Die Fahrt dauerte eine gute Stunde. Dann stand er vor einem weißen Reihenhaus in einem Wuppertaler Vorort. An der Tür hing ein Schild: „Hier lieben und streiten sich Lilli und Tobias." Lilli Evens war also verheiratet gewesen. Er drückte auf die Klingel.

Kurz darauf öffnete ein großer, braunhaariger Mann die Türe. Er war ungefähr 37 Jahre alt, hatte eine sportliche Figur und trug eine kurze Hose und ein T-Shirt. Er sah aus, als wäre er gerade aufgestanden. Oder noch nicht im Bett gewesen.
„Was kann ich für Sie tun?", fragte er den Kommissar.
Als der Kommissar ihm erklärte, warum er gekommen war, wurde der Mann blass.

Rollläden *pl*	verschiebbare Vorrichtung zum Verdunkeln von Fenstern; Jalousie
abwesend	*hier*: nicht aufmerksam

„Warum können Sie mich nicht in Ruhe lassen? Das Ganze ist für mich auch nach fünf Jahren noch schwer genug. Jedes Mal reißen die alten Wunden wieder auf."

„Können wir vielleicht in Ihrem Wohnzimmer darüber sprechen?", fragte Weber.

Der Mann machte wortlos einen Schritt zur Seite und Manuel Weber trat ein.

Das Haus war unaufgeräumt und sehr dunkel, weil die **Rollläden** geschlossen waren. Obwohl es dunkel war, konnte Weber aber erkennen, dass sich auf jedem Regal und an jeder Wand das Bild einer jungen, hübschen Frau befand. Auf allen Bildern lächelte die junge Frau fröhlich in die Kamera. Das muss Lilli Evens gewesen sein.

„Ihre Frau ist an der Überdosis eines seltenen Dopingmittels gestorben. Können Sie mir sagen, wie Sie an das Mittel gekommen ist?" Weber sah dem Mann, Tobias Evens, ins Gesicht. Dieser wirkte **abwesend**. Seine Augen waren leer.

„Lilli wäre nie alleine auf den Gedanken gekommen, dieses Zeug zu nehmen. Sie war gut. Sehr gut. Sie hatte das überhaupt nicht nötig."

„Wussten Sie, dass sie dopte?"

„Nein. Natürlich nicht. Ich hätte es doch verhindern können. Dann würde sie jetzt noch leben." Tobias Evens saß mit hängenden Schultern auf dem Sessel gegenüber von Kommissar Weber. „Sie hatte sich in den Wochen vor ihrem Tod sehr verändert. Sie hatte nur noch ihr Training im Kopf. Jeden Tag trainierte sie bis spät abends. Auch am Wochenende. Wir haben uns kaum noch gesehen."

Übung 15: **Lesen Sie weiter und ergänzen Sie das Partizip der folgenden Verben!**

geben | kennen | bekommen | versprechen | ansprechen

„Wissen Sie denn, von wem Ihre Frau dieses Dopingmittel 1. __________ hat?"
„Jemand aus dem Verein hatte es ihr einmal nach dem Training 2. __________, als sie völlig fertig war. Sie war müde von den stundenlangen Einheiten. Da hat er sie 3. __________ und ihr diesen Mist gegeben."
„Haben Sie den Mann 4. __________?" Langsam wurde Manuel Weber ungeduldig.
„Es war ein Triathlet aus Bonn. Er kam regelmäßig nach Wuppertal, um dort seine Ausdauer im Laufen zu verbessern. Wir haben hier einen guten Trainer für die Langstrecke. Lilli kannte ihn aus dem Lauftraining. Er versprach ihr, dass sie ihre Zeit nochmals verbessern könnte, wenn sie das Mittel kurz vor dem Wettkampf mit etwas Flüssigkeit zu sich nehmen würde. Das weiß ich, weil er es auch anderen Sportlern 5. __________ hat."

Tobias Evens sprang auf und rannte wütend im Zimmer auf und ab. „Er ist schuld. Er hat uns unser Leben **versaut**. Wir haben zwei Jahre vorher geheiratet. Wir wollten Kinder."
Weber versuchte, seine Ungeduld nicht zu zeigen. Es waren ge-

↯ versauen	*hier*: kaputt machen
Trauer *f*	Traurigkeit, wenn z. B. jd. gestorben ist
sich ein-schleichen	heimlich an einen Ort gelangen
verabreichen	geben

nau diese Momente, in denen ihm die nötige Geduld und die richtigen Worte fehlten.

„Also wissen Sie, wer Ihrer Frau das Dopingmittel verkauft hat", wiederholte er.

„Es war Sven Böhmer. Dieser arrogante Mistkerl hat meine Frau umgebracht. "

„Warum glauben Sie, dass er Ihre Frau umgebracht hat?"

„Weil er es gewusst hat. Er hat gewusst, wie gefährlich dieses Zeug ist. Aber das war ihm egal. Er hat nur an das Geld gedacht, damit er sein Luxusleben weiter finanzieren konnte. Nur das zählte für ihn. Nur das!"

Tobias Evens stand vor einem Bild seiner Frau. Man konnte die Wut und die Trauer in seinen Augen sehen.

„Alles hat er sich mit dem Verkauf finanziert. Seine schnellen Autos, die Wohnung, das Ferienhaus und all die Partys, die er veranstaltete. Auf diesen Partys suchte er jedes Mal neue Kunden, da er vor allem junge Sportler einlud. Er versprach ihnen den großen Erfolg."

„Woher wissen Sie von diesen Partys?", unterbrach ihn der Kommissar.

„Weil ich selbst einmal dort war. Ich habe mich dort eingeschlichen. Ich wollte mit eigenen Augen sehen, wie egal Böhmer Menschenleben sind. Ich wollte einen Beweis, um …"

„Um ihn zu töten?", fiel ihm Manuel Weber ins Wort.

„Nein! Was denken Sie von mir? Ich bin doch kein Mörder."

Tobias Evens blickte den Kommissar panisch an.

„Aber Sie geben zu, dass Sie Sven Böhmer das Dopingmittel verabreicht haben?"

Übung 16: Lösen Sie das Kreuzworträtsel!

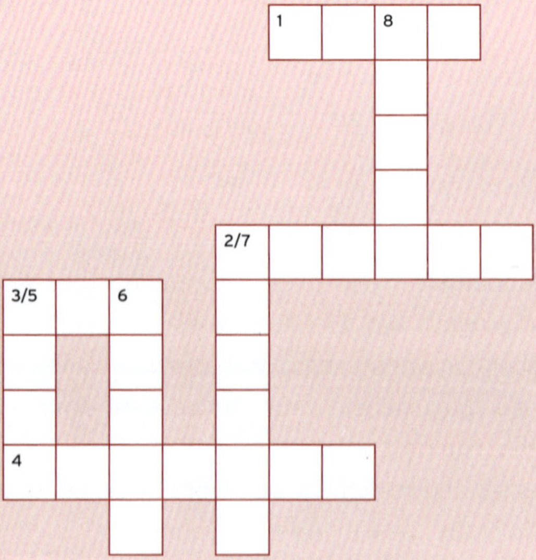

waagerecht:

1. trägt man beim Fahrradfahren auf dem Kopf
2. anderes Wort für „Konkurrent"
3. Dativ von „ich"
4. Schmuckstück für Verheiratete

senkrecht:

5. das Gegenteil von „wach"
6. anderes Wort für „empfehlen"
7. jemand, der übertrieben sparsam ist, ist ...
8. das Gegenteil von „die Wahrheit sagen"

„Ich wollte ihn nicht töten! Ich wollte ihm nur **eine Lektion erteilen**." Tobias Evens sackte auf den Sessel zurück. „Ich wollte sein Leben ruinieren, wie er auch meins ruiniert hat. Ich wollte, dass er seine Karriere aufgeben muss, weil er bei der Dopingkontrolle positiv getestet wird. Seine Karriere war alles für ihn. Und für mich war Lilli alles. Und er hat sie mir genommen."

jm. eine Lektion erteilen	jn. zurechtweisen
unterdrücken	*hier*: etw. nicht zulassen bzw. nicht zeigen, z. B. ein Gefühl oder einen Gedanken
sich ausgeben als	so tun, als ob
freiwillig	ohne Zwang
unbeobachtet	niemand sieht, was man macht

Manuel Weber musste die Freude in seinem Gesicht **unterdrücken**. Er hatte den Fall gelöst. Tobias Evens erzählte ihm, dass er Sven Böhmer fünf Jahre lang beobachtet hatte. Er war zu den Wettkämpfen gefahren und hatte genau dokumentiert, wem er wann Dopingmittel verkauft hatte. Er hatte **sich** auf einer von Svens Partys **als** Sportler **ausgegeben** und Sven hatte ihm das Dopingmittel verkauft.
Er wusste, dass der Triathlon in Köln für Sven der wichtigste Wettkampf war. Deshalb hatte er sich als **freiwilliger** Helfer an der Strecke beworben. Seine Aufgabe war es, die Trinkflaschen der Sportler zu befüllen und an jedem Wechsel zu verteilen. Da auf den Trinkflaschen die Namen der Sportler standen, war es für Tobias nicht schwer, die richtige Flasche zu finden. In einem **unbeobachteten** Moment schüttete er den Inhalt von drei Ampullen in eine der Trinkflaschen von Sven Böhmer. Er war es auch, der ihm die Flasche beim Wechsel vom Fahrrad zur Laufstrecke gab. So konnte er ganz sicher sein, dass nur Sven aus der Flasche trinken würde.

Übung 17: Sind die Aussagen richtig oder falsch?

1. Tobias ist der Exmann von Lilly Evens. ❐
2. Tobias wollte sich an Sven rächen. ❐
3. Sven und Lilly kannten sich vom Training. ❐
4. Lilly hat Dopingmittel verkauft. ❐
5. Tobias hat sich beim TCB eingeschlichen, um Sven das Dopingmittel zu geben. ❐

Der Kommissar hörte sich das **Geständnis** von Tobias Evens bis zum Ende an. Er hatte den Tod von Sven Böhmer wirklich nicht gewollt. Er wollte ihm nur mit demselben Mittel das Leben zerstören, mit dem Böhmer das Leben seiner Frau zerstört hatte. Manuel Weber hatte fast etwas **Mitleid** mit Tobias Evens, der nun **regungslos** auf seinem Sessel saß und auf den Boden starrte. Aber es änderte nichts an der Tatsache. Er hatte den Tod von Sven Böhmer für seine Rache **in Kauf genommen**.

„Tobias Evens, ich verhafte Sie wegen des Mordes an Sven Böhmer. Sie haben das Recht zu schweigen und das Recht auf einen Anwalt."

Manuel Weber rief die Kollegen der Wuppertaler Kriminalpolizei an. Sie kamen nach zehn Minuten am Haus von Tobias Evens an und **verhafteten** ihn.

> *Etwas schaffen* bedeutet *sein Ziel erreichen*, aber auch *etwas Neues kreieren*. Das Partizip II ist aber unterschiedlich.
> *Er hatte die Prüfung **geschafft**.*
> *(Er hat sein Ziel erreicht, die Prüfung zu schaffen.)*
> *Er hatte ein neues Bild **geschaffen**.*
> *(Der Künstler war kreativ und hat ein neues Bild gemalt.)*

Anschießend rief er auf seiner Dienststelle an und berichtete kurz über die neuesten Ereignisse im Fall Sven Böhmer.

„Gute Arbeit“, lobte ihn sein Chef am Telefon.

„Du hast nicht nur einen Mord aufgeklärt. Wir können auch einen riesigen Dopingskandal öffentlich machen. Die Kollegen werden gleich den Ordner mit den Namen bearbeiten. Das wird sicher für viele Sportler Konsequenzen haben.“

Geständnis *n*	Erklärung, mit der man eine Schuld zugibt
Mitleid *n*	Verständnis für das Leid anderer
regungslos	ohne eine Bewegung
in Kauf nehmen	akzeptieren
verhaften	festnehmen
Erleichterung *f*	Gefühl, wenn der innere Druck nachlässt

Als Manuel Weber das Telefonat beendet hatte, fühlte er eine große **Erleichterung**. Eine Erleichterung, die er immer fühlte, wenn er einen Fall lösen konnte.

Er stand immer noch vor dem Reihenhaus und sah auf die Uhr. Es war kurz nach eins. Wenn er jetzt losfahren würde, könnte er es noch schaffen. (i)

Manuel Weber setzte seinen Motorradhelm auf, stieg auf sein Motorrad und fuhr in Richtung Eifel los.

Übung 18: Bilden Sie Relativsätze!

1. Manuel Weber arbeitet bei der Polizei. Er lebt in Köln.

____

____

2. Sven hat viel Geld. Ihm gehört das luxuriöse Ferienhaus in der Eifel.

3. Sven starb an dem Dopingmittel. Mit dem Dopingmittel hatte er gehandelt.

4. Die Eifel hat eine schöne Landschaft. Durch sie fahren Viele mit dem Motorrad.

5. Lilly war eine erfolgreiche Sportlerin. Mit ihr war Tobias verheiratet.

6. Die Trinkflasche wurde im Labor untersucht. In ihr war das Dopingmittel.

Gefährliche Freunde

Andrea Ruhlig

1 Ein Mädchen verschwindet

„Weißt du, wo Alexa ist?" Claudia Velbert hatte die Tür mit **Schwung** geöffnet und stand nun mitten im Arbeitszimmer. „Sie hat gleich einen Termin beim Frisör, sie will sich doch **Strähnchen** machen lassen."

Schwung *m*	Bewegung mit viel Kraft im Bogen
Strähnchen *n*	einzelne gefärbte Bereiche der Kopfhaare
Talent *n*	besondere Fähigkeit auf einem Gebiet

Ihr Mann drehte sich zu ihr um. „Ich habe keine Ahnung. Ich hab' Alexa seit dem Frühstück nicht gesehen. Hast du sie schon angerufen?"
„Da geht nur die Mailbox ran." Frau Velbert trat zu ihrem Mann und sah über seine Schulter auf den Computerbildschirm. „Arbeitest du immer noch an diesem Auftrag?"
Er nickte. „Der Kunde kann sich nicht entscheiden. Immer wieder verlangt er Änderungen."
„Langsam habe ich keine Lust mehr, Alexa ständig durch die Gegend zu fahren. Und dann ist sie auch noch so unzuverlässig und vergisst ihre eigenen Termine. Ich verstehe das gar nicht. Sie wollte doch unbedingt noch vor dem Casting diese Strähnchen haben."
Herr Velbert seufzte. „Nun, ob mit oder ohne Strähnchen, sie wird gewinnen. Bei ihrem **Talent** ... und mit deiner Unterstützung ..."
„Hm, ich bin mir da nicht so sicher. Natürlich hat Alexa eine tolle Stimme, aber es kommt auch darauf an, wie sie auf der Bühne

Däumchen drehen	ungeduldig auf etw. warten
unsanft	nicht vorsichtig
zitternd	sich vor Angst oder vor Kälte schnell hin und her bewegend

wirkt. Vielleicht ist sie nicht engagiert genug. So etwas kommt bei der Jury nicht gut an." Nachdenklich sah sie aus dem Fenster des Arbeitszimmers. Dann sagte sie ungeduldig: „Wo bleibt sie nur? Ich habe doch Besseres zu tun als hier herumzusitzen und **Däumchen** zu **drehen**."

„Los, rein da!" Der Mann stieß Alexa **unsanft** in den Raum. Sie fiel auf die Knie. Mit den Händen abstützen konnte sie sich nicht, denn die waren auf dem Rücken zusammengebunden. Sehen konnte sie nichts, denn jemand hatte ihr einen Stoffbeutel über den Kopf gezogen. Auch schreien konnte sie nicht, denn auf ihrem Mund klebte ein breiter Streifen Klebeband.
Jetzt wurde sie wieder hochgerissen und auf eine Matratze geworfen. Sie zog die Beine ganz nah an ihren **zitternden** Körper und weinte leise.

Übung 1: Lesen Sie weiter und ergänzen Sie die fehlenden Verbformen im Präteritum!

Alexa **1. haben** ______________ Angst, denn sie **2. wissen** ______________ nicht, warum das alles hier passierte. Dann **3. zucken** ______________ sie zusammen, als eine Hand ihre Jacke **4. abtasten** ______________ und in die Taschen **5. greifen** ______________.

„Wo ist dein Handy?", fragte eine Stimme. Alexa versuchte zu sprechen, doch es kamen nur unverständliche Laute aus ihrem Mund.
„Lass sie, ich habe es. Es war in ihrem Rucksack." Das sagte eine zweite Stimme, die ein wenig heller war als die erste. Doch beide klangen unnatürlich, als hätten die Männer Taschentücher vor den Mündern. i
„Dann wollen wir doch mal die lieben Eltern anrufen. Ist die Nummer gespeichert?"
„Ja, hier. Unter ‚M' wie ‚Mama'. Mach du das. Aber stell' den Lautsprecher an, damit ich mithören kann."
Schon nach dem dritten Klingeln meldete sich Alexas Mutter: „Alexa, wo bist du? Ich warte hier auf dich. Hast du deinen Frisörtermin vergessen? Jetzt wird es aber wirklich Zeit."
„Den Termin können Sie absagen. Wir haben Ihre Tochter entführt. Wenn Sie tun, was wir sagen, wird ihr nichts passieren."
„Entführt! Wie können Sie es wagen ... Wer sind sie? Was wollen Sie von uns?" Die Stimme von Frau Velbert klang aufgeregt und schrill.
„Fünfzigtausend Euro in kleinen Scheinen. Also Fünfziger und so. Ich melde mich heute Abend wieder und sage Ihnen, wie die Übergabe läuft. Und keine Polizei!"
„Ich will mit meiner Tochter sprechen! Geht es ihr gut? Geben Sie ihr das Telefon!" Frau Velberts Stimme überschlug sich fast vor Aufregung.
Der Beutel über Alexas Gesicht wurde ein Stück hochgeschoben, eine Hand riss das Klebeband von ihrem Mund.

i
Mündern ist der Dativ Plural von *Mund*. Weitere Formen sind:
Nominativ: *der Mund* (Sg.), *die Münder* (Pl.)
Akkusativ: *den Mund* (Sg.), *die Münder* (Pl.)
Dativ: *dem Mund* (Sg.), *den Mündern* (Pl.)
Genitiv: *des Mundes* (Sg.), *der Münder* (Pl.)

„Aua!“ Alexa schrie vor Schmerzen und vor Angst, sie hatte Tränen in den Augen. Dann wurde ihr das Mobiltelefon vor den Mund gehalten. „Mama, Mama, ich hab’ solche Angst. Warum tun die das? Helft mir.“

„Alexa, was haben sie dir getan? Warum bist du nach der Schule nicht sofort nach Hause gekommen?“, fragte ihre Mutter.

„Oh Mama, sag nicht so was“, bat Alexa.

Dann hörte sie die Stimme ihres Vaters: „Alexa, mein Schatz, beruhige dich. Alles wird gut. Bald bist du wieder bei uns.“

Bevor Alexa noch etwas sagen konnte, wurde ihr das Handy wieder weggenommen und sie hörte den ersten Entführer ins Telefon rufen: „Also, morgen. Und machen Sie keine **Dummheiten**, wenn Sie Ihre Tochter wiedersehen wollen.“ Damit beendete er das Gespräch. Alexa hörte Schritte, die den Raum verließen, eine **knarrende** Tür und einen Schlüssel, der sich im Schloss drehte. Sie war allein.

Mit etwas **Mühe** gelang es ihr, den Stoffbeutel von ihrem Kopf zu schieben. Es gab zwar nur wenig Licht in dem Raum, aber nach der Dunkelheit unter dem Beutel tat es ihren Augen weh. Viel zu sehen gab es nicht. Der Raum war klein, der Fußboden und die Wände waren aus grauem **Beton**. In einer Ecke stand ein gelber

Lautsprecher *m*	Gerät, das Töne verstärkt wiedergibt
jn. entführen	eine Person mit Gewalt an einen Ort bringen und dort festhalten
schrill	unangenehm hell und hoch klingend, meistens laut
Übergabe *f*	Vorgang, wenn man etw. persönlich an einen Ort oder zu einer Person bringt
Dummheiten *pl*	Handlungen, die nicht klug sind
knarrend	mit einem Geräusch, das entsteht, wenn sich Holz bewegt
Mühe *f*	große Anstrengung
Beton *m*	Baumaterial, das erst flüssig ist und dann sehr hart wird

Plastikeimer. Oben, fast unter der Decke, gab es ein schmales Fenster. Aber es war zu hoch, um mehr als den Himmel zu sehen. Die Tür bestand aus dicken, schweren Holzbrettern, das Schloss wirkte alt, aber solide. Hier lag die Matratze, alt, mit **ekligen** Flecken. Alexa wollte gar nicht wissen, woher diese Flecken kamen. Vor ihren Füßen lag der Rucksack. Sonst gab es nichts in diesem Raum. Alexa stöhnte verzweifelt. Dann wartete sie. Was sollte sie auch sonst tun?

Übung 2: Welche Doppelkonjunktionen passen? Setzen Sie ein!

entweder/oder sowohl/als auch weder/noch weder/noch

1. Sie wusste ______, wo sie war, ______ wer sie hierher gebracht hatte.
2. Sie konnte ______ durch die Tür ______ durch das Fenster fliehen.
3. Die Entführer hatten ihr ______ die Hände gefesselt, ______ das Telefon weggenommen.
4. So konnte sie ______ erfolglos um Hilfe rufen ______ nichts tun.

Herr Velbert saß auf seinem Schreibtischstuhl. Äußerlich machte er einen ruhigen Eindruck. Er folgte seiner Frau mit den Augen. Die ging schon seit einigen Minuten durch das Zimmer – immer

eklig	unangenehm aussehend, riechend oder schmeckend
Sender *m*	Gerät, das Signale abgibt
quälend	Schmerzen bereitend

hin und her wie ein Tiger in seinem Käfig. Ab und zu schlug sie wütend mit der flachen Hand gegen die Wand. Immer wieder blieb sie kurz stehen und starrte auf das schwarze Display ihres Handys.

„Ich begreife es nicht. Wieso wir? Das kann doch nur ein schlechter Scherz sein!"

„Vielleicht ist es ein Scherz. Vielleicht aber auch nicht. Wir sollten überlegen, wie wir jetzt reagieren. Ich habe Alexa schließlich versprochen, dass alles gut wird. Da müssen wir einen kühlen Kopf behalten. Was meinst du: Sollen wir die Polizei anrufen?"

„Auf keinen Fall. Du hast gehört, was der Entführer am Telefon gesagt hat. Ich will nicht, dass er meiner Tochter etwas tut."

„Es ist auch meine Tochter", sagte Herr Velbert scharf. Dann fügte er in sachlicherem Ton hinzu: „Die Polizei hat doch ganz andere Möglichkeiten. Sie kann das Telefon überwachen und die Stimmen der Entführer analysieren, sie kann einen **Sender** im Geld verstecken ..."

„Ja, und bei der Geldübergabe verliert jemand die Nerven und schießt um sich."

Herr Velbert schüttelte den Kopf: „Du liest zu viele Krimis. Aber wie du meinst. Ich werde jetzt mit der Bank sprechen."

Die nächsten Stunden zogen sich **quälend** dahin. Herr Velbert versuchte, etwas zu arbeiten, doch er konnte sich nicht richtig konzentrieren. Immer wieder überlegte er, warum die Entführer gerade sie ausgesucht hatten. Es gab doch auch in ihrer Stadt Familien, die viel mehr Geld besaßen.

Übung 3: Welche Aussagen sind falsch? Kreuzen Sie an!

1. Frau Velbert wartete auf Ihre Tochter, denn Alexa hatte einen Frisörtermin. ☐
2. Herr Velbert will die Polizei anrufen, denn er möchte das **Lösegeld** nicht bezahlen. ☐
3. Herr Velbert telefoniert mit der Bank, denn er möchte eine Überraschung für seine Frau kaufen. ☐
4. Alexa wird in einem Hotelzimmer eingeschlossen. ☐

Endlich klingelte das Telefon. Sofort nahm seine Frau das Gespräch an.

„Haben Sie das Geld besorgt?“, fragte die gleiche Stimme wie beim ersten **Telefonat**.

„Wir bekommen es morgen. Wie geht es meiner Tochter?“

„Noch geht es ihr gut. Aber kommen Sie nicht auf dumme Gedanken, sonst ...“ Er ließ den Satz unvollendet. „Und nun zur Geldübergabe. Hören Sie gut zu, ich sage das nur einmal: Packen Sie das Geld in einen Schuhkarton. Kleben Sie den Karton fest zu. Ihr Mann soll den Karton zum Segelflugplatz am Höhenberg bringen. Morgen Mittag um 12 Uhr. Er soll allein kommen und sein Handy mitnehmen. Wir beobachten das **Gelände**. Wenn wir irgendwo Polizei sehen, können Sie Ihre Tochter vergessen.“

„Geben Sie mir Alexa! Ich will mit ihr sprechen“, schrie Frau Velbert ins Telefon. Aber der Entführer hatte bereits aufgelegt.

Lösegeld *n*	Geld, das man bezahlt, damit eine entführte Person wieder freigelassen wird
Telefonat *n*	Telefongespräch
Gelände *n*	begrenztes Grundstück

2 Die Geldübergabe

Der kleine Segelflugplatz lag still in der strahlenden Sonne. Von hier oben hatte man einen weiten Blick auf die Stadt und man konnte dem Fluss mit den Augen folgen, bis er hinter den nahen Hügeln verschwand. Am Wochenende zogen viele Stadtbewohner hier herauf. Sie machten Picknick, spielten Fußball mit den Kindern oder sahen einfach nur den Segelfliegern und den Fallschirmspringern zu. Doch an einem Wochentag wie diesem war um kurz vor 12 Uhr nichts los.

Herr Velbert parkte das Auto auf dem einsamen Parkplatz. Er stieg aus und sah sich um. Niemand war zu sehen. Ein paar Vögel sangen, doch sonst war alles ganz still. Vor ihm lag eine Wiese, nicht sehr breit, aber lang. Das Gras war frisch **gemäht**.

gemäht	kurz geschnitten (z. B. eine Wiese)
Fernglas *n*	optisches Gerät, mit dem man entfernte Dinge besser sehen kann

Neben dem Parkplatz befand sich ein Gebäude, vor dem ein paar Tische und Bänke standen. Dann gab es noch eine kleine Halle, die etwas weiter entfernt war. Herr Velbert ging dorthin. Die großen Schiebetüren waren geschlossen, doch durch ein Fenster konnte er drei Segelflugzeuge sehen, die dort parkten. Außerdem stand noch ein großer Geländewagen in der Halle.

Herr Velbert sah auf die Uhr – zehn Minuten vor zwölf. Er öffnete seine Tasche und holte ein **Fernglas** heraus. Nachdem er es scharf gestellt hatte, suchte er den Rand der Wiese ab, der gegenüber lag. Angestrengt blickte er durch das Glas. Dort wuchsen ein paar kleine Bäume und viele niedrige Büsche, er erkannte wild wachsende **Brombeeren**, die ein dichtes **Gestrüpp** bildeten.

In diesem Moment klingelte sein Telefon. Herr Velbert erschrak, denn in der Stille um ihn herum erschien ihm dieses Geräusch viel zu laut. Seine Hand zitterte, als er das Gespräch annahm.

„Sind Sie da?", fragte eine Stimme.

„Ja, am **Hangar**."

„Gehen Sie zur Mitte der Landebahn. Bringen Sie das Geld mit." Dann war die Verbindung schon wieder unterbrochen.

Herr Velbert packte den Griff der Tasche und machte sich auf den Weg.

„Er kommt." Der Entführer mit der helleren Stimme sprach in ein **Funkgerät**. Er lag auf dem Bauch im hohen Gras am Rand der Wiese. Auch er hatte ein Fernglas und sah, wie Herr Velbert langsam über den Platz ging. Der andere Entführer wartete in einem abgelegenen Versteck. So bildeten sie ein unschlagbares Team: Der eine beobachtete in der Nähe, der andere handelte in der sicheren Entfernung.

Brombeere *f*	niedrige Pflanze mit vielen Stacheln, die im Herbst schwarz-violette Beeren trägt
Gestrüpp *n*	Menge an sehr dicht wachsenden niedrigen Pflanzen
Hangar *m*	große Halle zur Unterbringung von Flugzeugen
Funkgerät *n*	elektrisches Gerät, das auf einer bestimmten Frequenz Tonsignale sendet und empfängt
Propeller *pl*	dem Antrieb dienendes Teil von (Luft)fahrzeugen, das sich schnell drehen kann.
Fernbedienung *f*	Gerät, mit dem man ein anderes elektrisches Gerät ohne Kabel aus einiger Entfernung bedienen kann

„Er ist da. Du kannst loslegen." Kurz darauf war ein leises Motorgeräusch zu hören, das rasch näher kam. Dann erschien ein kleines fliegendes Objekt über den niedrigen Bäumen. Es wurde von vier **Propellern** in der Luft gehalten und sah aus wie ein großes Insekt: ein Quadrocopter. Den hatte der zweite Entführer von seinem Versteck aus gestartet. Er steuerte ihn mit einer **Fernbedienung**. Durch die eingebaute Kamera konnte er genau sehen, wohin der Quadrocopter flog.

Übung 4: Welches Nomen passt zu welcher Handlung? Ordnen Sie zu!

1. ☐ die Dunkelheit	a) wenn man jemandem bei etwas hilft
2. ☐ das Klingeln	b) wenn man an einem Ort bleibt, bis etwas geschieht
3. ☐ die Übergabe	c) wenn man z. B. in der Nacht nichts sehen kann
4. ☐ die Unterstützung	d) wenn man einen lauten Ton hört
5. ☐ das Warten	e) wenn man etwas persönlich an einen Ort oder zu einer Person bringt

Er lenkte die Flugmaschine direkt zur Mitte der Landebahn. Dort schwebte sie eine Sekunde lang über dem Kopf von Herrn Velbert, dann landete sie langsam auf dem Boden. Die vier Propeller standen still. Der erste Entführer wählte die Nummer von Velberts Handy.

„Haben Sie das Geld?"

„Ja, hier im Karton, wie Sie gesagt haben." Herr Velbert holte einen Schuhkarton aus seiner Tasche.

„Machen Sie ihn auf und zeigen Sie das Geld in die Kamera."

geizig	übertrieben sparsam
Haken *m*	gebogener Gegenstand, an dem man etw. aufhängen kann
Schnur *f*	sehr dünnes langes Seil
am längeren Hebel sitzen	mehr Macht haben

Herr Velbert zögerte. „Aber der Karton ist zugeklebt. Das wollten Sie doch so."

Der Entführer fluchte leise. Natürlich, das hatte er gesagt. Es war für den Flug auch nötig, dass der Karton zugeklebt war. Aber er wollte gerne die Scheine sehen. Vielleicht war Herr Velbert ja zu **geizig** und hatte alte Zeitungen hineingetan.

„Okay, dann lassen Sie den Karton zu", sagte er dann. „An der Unterseite des Quadrocopters ist ein **Haken**. Dort klebt auch eine kurze **Schnur**. Binden Sie die Schnur um den Karton, wie bei einem Weihnachtsgeschenk. Und dann hängen Sie das Päckchen an den Haken."

Durch das Fernglas beobachtete der Entführer, wie Herr Velbert das Telefon neben sich ins Gras legte, das Fluggerät hochhob und die Schnur fand. Diese knotete er mit ungeschickten Fingern um den Karton und hängte das Ende an den Haken. Dann griff Velbert wieder nach dem Telefon und sagte: „Ich bin fertig. Aber ich lasse erst los, wenn meine Tochter neben mir steht."

„Wir bestimmen die Bedingungen. Sie haben hier nichts zu sagen. Erst wenn wir das Geld haben, lassen wir Alexa frei."

„Jetzt **sitzen** Sie vielleicht **am längeren Hebel**, aber ich werde Sie finden", drohte Herr Velbert. „Wenn Sie meiner Tochter etwas tun, werden Sie in Ihrem Leben nicht mehr glücklich." Mit diesen Worten ließ er das Fluggerät los und trat einen Schritt zur Seite.

Pfad *m*	schmaler Weg
Kante *f*	Stelle, an der zwei Flächen im Winkel aneinander stoßen

„Okay, du kannst abheben", sagte der Beobachter in das Funkgerät. Daraufhin fingen die Motoren wieder an zu summen, die Propeller drehten sich und der Quadrocopter stieg langsam in den Himmel.

Der Entführer schaltete das Funkgerät aus, packte sein Fernglas ein und rutschte langsam auf dem Bauch rückwärts, bis er zu den Büschen kam. An dieser Stelle waren die Brombeeren nicht so dicht, trotzdem blieb er immer wieder hängen und fluchte leise. Nachdem er das Gebüsch hinter sich gelassen hatte, stand er auf und lief auf einem kleinen Pfad zum vereinbarten Treffpunkt. Als er dort eintraf, hatte sein Freund den Karton schon vom Haken gelöst.

„Haha! Das lief ja perfekt. Die Idee mit dem Flieger war super. Gut, dass wir das geübt haben. Los, mach den Karton auf." Gespannt sah er zu, wie der andere mit einem Messer das Klebeband zerschnitt. Ungeduldig hob er den Deckel hoch.

„Yeah, fünfzigtausend Euro!" Er nahm ein Geldpäckchen heraus und ließ den Daumen über die Kante gleiten. „Das behalte ich schon mal. Braver Herr Velbert."

Am längeren Hebel sitzen ist eine Redensart. Ein Hebel ist ein einfaches Werkzeug, z. B. eine Stange. Mit seiner Hilfe können auch schwere Gegenstände bewegt werden. Je länger der Hebel ist, desto weniger Kraft muss man einsetzen. Wer also *am längeren Hebel* sitzt, kann viel bewegen, er hat auch viel Macht.

Auch der andere grinste breit und meinte: „Trotzdem muss er noch ein bisschen warten, bis er seine Tochter wieder in den Ar-

men halten kann", sagte er. „Es ist jetzt ein Uhr. Vier Stunden muss sie also noch in ihrem Versteck bleiben, ist das klar? Du darfst sie keine Minute eher freilassen."
„Ja, klar. Genau, wie wir es besprochen haben. Ich fahre dann mal zu ihr und passe auf, dass sie ruhig bleibt."
„Gut. Hoffentlich läuft weiter alles nach Plan. Wir sehen uns dann morgen."

Verzweiflung *f*	Zustand, in dem man ohne Hoffnung ist
Versager/ Versagerin *m, f*	Person, die nicht erreicht hat, was gefordert oder erwartet ist

Als Herr Velbert wieder vor der Tür zu seinem Haus stand, zögerte er. Er hatte zwar alles so gemacht, wie die Entführer es verlangt hatten, doch Alexa war nicht bei ihm.

Übung 5: Lesen Sie weiter und ergänzen Sie die indirekten Fragen!

ob wann warum wo

Er wusste nicht, 1. ______ Alexa noch nicht frei war, er wusste nicht, 2. ______ sie war und 3. ______ es ihr gut ging. Er fragte sich, 4. ______ er sie wohl wiedersehen würde.

Mutlos schloss er die Tür auf und trat ins Haus.
„Clemens, endlich! Ist alles gut gegangen? Ich habe mir solche Sorgen gemacht." Dann stutzte Frau Velbert und sah sich suchend um. „Wo ist Alexa? Wieso ist sie nicht bei dir?"

Herr Velbert stand vor ihr mit hängenden Schultern und sagte: „Sie haben das Geld genommen, aber Alexa ist nicht gekommen. Ich habe noch mehr als eine Stunde auf dem Flugplatz gewartet, aber – nichts. Und die Entführer haben sich auch nicht noch einmal gemeldet."

Claudia Velbert sah ihn an. In ihren Augen mischten sich Unglauben, Wut und **Verzweiflung**.

Handgelenk *n*	bewegliche Verbindung zwischen Arm und Hand
am Werk sein	tätig sein

„Du **Versager**!", schrie sie ihn an. Sie schlug mit ihren Fäusten gegen seine Brust. „Was bist du nur für ein Vater! Bedeutet dir Alexa denn gar nichts?"

Herr Velbert packte seine Frau an den **Handgelenken** und redete beruhigend auf sie ein: „Was redest du da. Beruhige dich. Die Geldübergabe hat geklappt, die Entführer haben bekommen, was sie wollten. Jetzt müssen sie Alexa auch freilassen."

„Wenn sie überhaupt noch lebt!", schluchzte Frau Velbert.

Herr Velbert schob seine Frau Richtung Wohnzimmer, drückte sie auf einen Sessel und schimpfte: „Ich hätte eben nicht auf dich hören sollen. Ich rufe jetzt die Polizei."

Der Kommissar, der schon seit einer Weile bei ihnen im Wohnzimmer saß, war ein ruhiger Typ. Obwohl weder Herr Velbert noch seine Frau die ganze Geschichte in der richtigen Reihenfolge erzählt hatten, hatte er aufmerksam zugehört und sich immer wieder Notizen gemacht. Langsam bekam er einen Überblick. Ein paar Fragen blieben aber noch offen: „Und Sie haben die Stimme am Telefon nicht erkannt? Wie klang sie denn?"

„Eine Männerstimme, ganz eindeutig", antwortete Frau Velbert. „Ich finde, sie klang eher jung."

„Ja, jung", stimmte ihr Herr Velbert zu, „aber keine Frau." Ich hatte auch den Eindruck, dass dort ein Anfänger **am Werk ist**. Das Geld mit dem Fluggerät abzuholen, war ja eine gute Idee – also aus Sicht des Entführers. Aber dass er erst einen zugeklebten Karton fordert und dann das Geld sehen will ... Da hatte ich den Eindruck, dass der Plan nicht bis ins Detail überlegt war. Außerdem müssen sie mindestens zu zweit gewesen sein."

„Wie kommen Sie darauf?" Kommissar Baumgärtner sah Herrn Velbert interessiert an.

„Na ja, das Fluggerät kam von irgendwo hinter den Bäumen. Von dort kann er mich nicht gesehen haben. Er wusste aber trotzdem ganz genau, wo ich gerade war und was ich machte. Deshalb glaube ich, dass er einen **Komplizen** hatte. Der hatte sich in meiner Nähe versteckt und konnte mich sehen."

Übung 6: Beantworten Sie die folgenden Fragen zum Text!

1. Womit hat der Entführer den Quadrocopter gesteuert?

2. Warum sollte Herr Velbert den Karton öffnen?

3. Aus welchem Grund sollte der Karton zugeklebt sein?

4. Wieso ist Herr Velbert nach der Geldübergabe nicht sofort nach Hause gefahren?

„Eine gute Beobachtung. Das kann uns weiterhelfen“, sagte Kommissar Baumgärtner. „Wir sollten jetzt zum Höhenberg fahren und uns dort einmal umsehen. Meine Kollegen werden uns unterstützen.“

Komplize/ Komplizin *m, f*	Mittäter
Ranke *f*	langer, dünner Teil einer Pflanze
Pinzette *f*	kleines Werkzeug, mit dem man sehr kleine Teile greifen und festhalten kann

Am Flugplatz warteten schon einige Polizisten. Einer von ihnen hatte einen Hund bei sich. Herr Velbert zeigte ihnen genau, wohin er das Geld gebracht hatte und aus welcher Richtung der Quadrocopter gekommen war. Sofort begannen die Männer, das Gelände gründlich und systematisch zu durchsuchen.
Nach einer Weile rief einer von ihnen den Kommissar zu sich. „Sehen Sie, Chef. Hier hat jemand[i] gelegen. Das Gras ist flachgedrückt. Und von hier hat man einen guten Blick, sogar bis zum Hangar. Mit einem normalen Fernglas kann man alles genau beobachten. Und hier führt eine Spur zu den Bäumen. Er hat versucht, den Brombeeren aus dem Weg zu gehen.“
„Gute Arbeit.“ Kommissar Baumgärtner nickte dem Kollegen anerkennend zu. „Aber ganz ist er den Stacheln nicht entkommen.“ Mit diesen Worten zeigte er auf ein kleines Stück Stoff, das an einer langen, stacheligen Brombeer**ranke** hing. Mit einer **Pinzette** löste er es und ließ es in eine Plastiktüte fallen. „Bringen Sie das gleich ins Labor“, sagte er zu dem Kollegen. „Danach können Sie Feierabend machen.“ Dann rief er den Polizisten mit dem Hund zu sich. „Folgt bitte dieser Spur. Vielleicht findet ihr die

Bei den Indefinitpronomen bilden oft bejahende und verneinende Wörter ein Paar.

Personen:	*jemand - niemand*
Zeit:	*jemals - niemals*
	immer - nie
Ort:	*irgendwo - nirgendwo*
	überall - nirgends

Stelle, wo das Auto der Entführer geparkt war. Denn sie werden wohl kaum zu Fuß hier hoch gekommen sein."

Anschließend wandte er sich an Herrn Velbert: „Da Sie hier oben niemanden gesehen haben, hat es wohl keinen Zweck, nach **Zeugen** zu suchen, die den Flug von dem Quadrocopter gesehen haben. Hier können wir nichts mehr tun."

Zeugen *pl*	Personen, die bei einem Ereignis dabei sind / waren und darüber etw. sagen können

In diesem Moment klingelte das Handy von Herrn Velbert. „Claudia, was gibt es?", fragte er.

„Alexa ist wieder da."

„Dem Himmel sei Dank. Wie geht es ihr?"

„Ihr fehlt nichts. Es geht ihr gut."

„Wir kommen sofort."

3 Alexa berichtet

„Papa!" Alexa warf sich ihrem Vater in die Arme. Der drückte sie erleichtert an sich.

„Gut, dass das vorbei ist", sagte er dann.

etw. ruinieren	etw. so zerstören, dass man es nicht reparieren kann
zuständig	verantwortlich
Funkeln *n*	Lichtreflex

„Nichts ist vorbei", rief Frau Velbert. „Diese Menschen haben uns Angst, ja Panik gemacht. Sie haben unser Geld gestohlen. Sie haben die Karriere meiner Tochter **ruiniert**. Das Casting ist gelaufen. Das muss doch Konsequenzen haben."

Herr Velbert sah seine Frau verwirrt an und sagte verwundert: „Aber am wichtigsten ist doch, dass Alexa wieder hier ist."

„Natürlich ist das am wichtigsten", gab seine Frau zu. „Aber ich lasse das nicht mit uns machen. Die Sorgen, die ich mir gemacht habe ... Diese Menschen müssen bestraft werden."

„Und dafür werde ich sorgen", versprach der Kommissar, der bis jetzt im Hintergrund geblieben war. Doch nun sprach er Alexa direkt an: „Mein Name ist Baumgärtner. Ich bin der **zuständige** Kommissar. Bestimmt werden wir die Verantwortlichen[i] bald finden. Sind Sie bereit, mir zu erzählen, was passiert ist?"

„Ja, sicher." Alexa hatte jetzt ein wütendes **Funkeln** in den Augen.

> *Die Verantwortlichen* ist eine Nominalisierung des Adjektivs *verantwortlich*. Durch Nominalisierung lassen sich Dinge kürzer sagen, z. B. ohne Nebensatz wie: *die Personen, die verantwortlich sind.*

Übung 7: **Lesen Sie weiter und ergänzen Sie jeweils den Komparativ!**

Dann fügte sie hinzu: „Je **1.** schnell ________________ Sie die Typen finden, umso **2.** gut ________________." Die vier – Familie Velbert und der Kommissar – setzten sich ins Wohnzimmer. Frau Velbert bot an, Kaffee zu kochen. Doch der Kommissar sagte: „Danke, ein Tee ist mir **3.** gern ________________." Er wandte sich an Alexa: „Dann wollen wir doch mal sehen, ob wir noch **5.** viel ________________ über diese Entführer erfahren."

So berichtete Alexa, wie alles angefangen hatte: „Ich war gerade aus der Schule gekommen. An der Ecke stand ein Typ. Das war schon komisch, denn er hatte einen Motorradhelm auf, aber da war gar kein Motorrad. Als ich an ihm vorbeikam, ging alles total schnell. Er hat mir von hinten diesen Stoffbeutel über den Kopf gezogen, mir den Mund zugehalten und mich in einen Lieferwagen **gestoßen**. Ich habe mich gewehrt, aber in dem Wagen war noch ein zweiter Mann. Der hat mich festgehalten und der erste hat mir die Hände gefesselt und den Mund zugeklebt."

„**Freiheitsberaubung**", **murmelte** der Kommissar. „Erzählen Sie bitte weiter."

„Die sind sofort losgefahren, aber nicht so lange. Vielleicht 20 Minuten. Dann **haben** sie mich aus dem Auto **gezerrt** und in diesem Raum **eingesperrt**."

„Können Sie den Raum genauer beschreiben?“, fragte Kommissar Baumgärtner.

Alexa griff zu einem Schreibblock und einem Stift und zeichnete eine Skizze von dem Raum. Dabei nannte sie alles, was ihr aufgefallen war: das Fenster, die Matratze.

Plötzlich unterbrach sie sich und rief: „Jetzt fällt mir noch etwas anderes ein: Es hat dort **eigenartig** gerochen. In dem Raum nicht so stark, aber als sie mich wieder zum Auto gebracht haben, habe ich den Geruch deutlich bemerkt. Es roch nach Stroh. Und nach Tieren.“

„Gut“, meinte der Kommissar. „Das ist wichtig. Was ist dann passiert?“

„Der eine hat mit meiner Mutter telefoniert. Er hatte das Handy auf laut gestellt, deshalb konnte ich alles mithören. Ich glaube, dass er es war, der die Idee hatte, mich zu entführen. Der andere hat immer nur gemacht, was der erste gesagt hat. Danach sind sie gegangen. Ich habe geschrien, so laut ich konnte. Aber da war wohl sonst niemand.“

„Wann sind sie wiedergekommen?“, fragte der Kommissar.

„Am Abend **hat sich** der zweite wieder **blicken lassen**. Er hatte den Motorradhelm auf. Deshalb kann ich nicht sagen, wie er aussah. Nicht besonders groß, aber sportlich, würde ich sagen. Er hat mir was zu essen und zu trinken gebracht. Pah, zwei kalte Hamburger und eine warme Cola. Immerhin hat er die Fesseln abgemacht.“

jn. stoßen	jn. mit Kraft schnell von sich weg drücken
Freiheitsberaubung *f*	eine Person wird längere Zeit an einem Ort festgehalten, obwohl sie das nicht will
murmeln	leise und unverständlich sprechen
zerren	an etw. ziehen
jn. einsperren	eine Person gegen ihren Willen in einem Raum festhalten
eigenartig	ungewöhnlich
sich blicken lassen	an einem Ort erscheinen, sodass man gesehen wird

Frau Velbert strich ihrer Tochter sanft über den Kopf. „Oh, mein Schatz, was du **ertragen** musstest."
Alexa sah ihre Mutter irritiert an. „So schlimm waren die Hamburger nun auch nicht."

etw. ertragen	etw. Unangenehmes erleben und aushalten
Katzenwäsche *f*	schnelle, oberflächliche Wäsche (z. B. des Gesichtes)
geschmiert	(mit Fett) bestrichen
Zicken *pl*	Dummheiten, Schwierigkeiten

„Ach Kind, du weißt genau, was ich meine."
„Ja." Alexa wandte sich wieder dem Kommissar zu und erzählte weiter. „Die Nacht war ganz okay. Ich habe nichts gehört und nichts gesehen. Es gab ja auch kein Licht in dem Raum, nachdem es draußen dunkel geworden war. Am nächsten Morgen kam wieder der zweite mit Essen und Kaffee. Der war eigentlich ganz nett. Er hat auch ein nasses Handtuch mitgebracht. Für die **Katzenwäsche** hat es gereicht."
„War an dem Essen etwas Besonderes?", wollte der Kommissar wissen.
„Hm, Supermarktbrötchen, schon fertig **geschmiert** mit Butter und Marmelade. Der Kaffee in einem Thermobecher, mit Zucker, ohne Milch. Moment mal! Woher wussten die, dass ich ihn immer schwarz mit Zucker trinke?"
„Da gibt es zwei Möglichkeiten. Entweder: Sie wurden schon längere Zeit beobachtet. Oder: Die Entführer kennen Sie. Und dann kennen auch Sie die Entführer."
Alexa sah ihn erschrocken an. „Was? Sie meinen, dass ...? Ein Bekannter? Vielleicht sogar ein Freund? Das kann ich mir nicht vorstellen ..." Eine Weile sagte sie nichts. Diesen Gedanken musste sie erst einmal verarbeiten.

Übung 8: Akkusativ oder Dativ? Setzen Sie die richtigen Reflexivpronomen ein!

1. Kommissar: „Können Sie ______ erzählen, was passiert ist?“
2. Alexa: „Sie haben ______ festgehalten.“
3. Kommissar: „Ich kann ______ vorstellen, dass Sie Angst hatten.“
4. Alexa: „Ich wollte ______ wehren. Aber sie haben ______ zum Versteck gebracht.“

Dann bat Baumgärtner: „Bitte erzählen Sie weiter. Was passierte nach dem Frühstück?“
„Lange Zeit nichts. Ich habe stundenlang dagelegen und in meinem Buch für den Deutschkurs gelesen.“
„Am Vormittag haben die Entführer wahrscheinlich die Geldübergabe vorbereitet“, sagte Herr Velbert. „Aber kurz nach Mittag hatten sie alles, was sie wollten. Warum haben sie dich nicht sofort freigelassen?“
„Keine Ahnung.“ Alexa schüttelte den Kopf. „Irgendwann tauchte der zweite auf und brachte mir etwas zu essen. Lauwarme Pizza!“, sagte sie mit Blick auf den Kommissar. „Er ist gleich wieder rausgegangen, aber ich habe gehört, dass er vor der Tür gewartet hat. Ab und zu hat er telefoniert. Und dann – ich hatte mein Buch längst durchgelesen – kam er rein und hat gesagt: ‚So, gleich hast du es geschafft. Dein Papa hat gezahlt. Mach jetzt keine **Zicken**, dann bist du bald wieder zu Hause. Pack deine Sachen

ein.' Er hat mir wieder die Hände gefesselt, den Mund zugeklebt und den Beutel über den Kopf gezogen. Dann hat er mir in den Lieferwagen geholfen und ist gefahren. Vor der Schule hat er mich rausgelassen und mir noch die Fesseln abgemacht. Tja, von da bin ich nach Hause gelaufen. Ist ja nicht weit."

Gefängnis *n* Gebäude, in dem Verbrecher zur Strafe eingesperrt sind

„Haben Sie den Wagen noch gesehen?", fragte der Kommissar.
„Ich hab' mir gleich den Beutel vom Kopf gezogen. Die Farbe hab' ich gesehen: Er war weiß. Vielleicht war hinten eine überklebte Werbeaufschrift drauf. Auf jeden Fall war auf der Tür ein rechteckiges Feld, das ein bisschen weißer war als der Wagen."
„Haben Sie sich das Kennzeichen merken können?"
„Ach, genau. Das Nummernschild war abgeschraubt."
„Meine arme Kleine." Frau Velbert legte die Arme um ihre Tochter, doch Alexa wehrte ab.
„Ich bin nicht deine Kleine. Und so schlimm war es jetzt auch nicht. Am Anfang hatte ich Angst, aber ich hab' schnell gemerkt, dass die mir nichts tun würden."
„Ganz so harmlos ist die Sache nicht. Freiheitsberaubung, also Entführung, in Verbindung mit Erpressung ist eine Straftat. Das bedeutet: fünf Jahre **Gefängnis**", klärte Kommissar Baumgärtner sie auf. (i) „Aber dafür müssen wir die Täter erst einmal kriegen. Können Sie sich an die Autofahrt erinnern? Gab es dort irgendetwas Besonderes? Jedes Detail kann uns helfen."

In Demokratien ist die Macht in drei Bereiche geteilt: Legislative (Gesetzgebung), Exekutive (Gesetzesausführung), Judikative (Gerichtsbarkeit).
Der Kommissar gehört zur Exekutive, denn er fängt die Verbrecher, doch er entscheidet nicht über ihre Strafe. Das tut ein Gericht. Die zuständigen Richter gehören daher zur Judikative.

Übung 9: Wandeln Sie die beiden Hauptsätze zu einem Relativsatz um!

1. Alexa musste das Buch für den Deutschkurs lesen. Der Kurs machte ihr Spaß.
   Der Deutschkurs, ______________________________
   ______________________________ Spaß.
2. Der Entführer brachte ihr zwei Hamburger. Die Hamburger waren kalt.
   Die Hamburger, ______________________________
   ______________________________ kalt.
3. Alexa wusch sich mit einem Handtuch. Das Handtuch war nass.
   Das Handtuch, ______________________________
   ______________________________ nass.
4. Der Entführer hatte ihr die Fesseln abgemacht. Er trug einen Motorradhelm.
   Der Entführer, ______________________________
   ______________________________ Motorradhelm.

„Hm, es war ja dunkel unter diesem Stoffbeutel. Der Beutel war übrigens unbenutzt und hatte einen Werbeaufdruck vom Kaufhaus Möller."
„Das Filialen in ganz Deutschland hat", sagte Baumgärtner. „So einen Beutel kann jeder überall kaufen. Aber zurück zu der Autofahrt."
Alexa zog die Beine auf den Sessel, legte ihre Arme um die Knie

und schloss die Augen. Sie konzentrierte sich.

„Die ersten Meter waren **Kopfsteinpflaster**. Also sind wir von der Schule auf der Schellingstraße nach Westen gefahren. Eine andere gepflasterte Straße gibt es dort nicht. Dann haben wir oft an Ampeln gestanden. Nach ein paar Minuten ging es **zügiger**. Da ist das Auto auch schneller gefahren. Irgendwann sind wir links abgebogen. Das muss eine Dorfstraße gewesen sein. Vor uns war ein **Trecker**, das habe ich genau gehört. Dann ging es wieder links, aber die Straße war immer noch gut. Erst die letzten Meter wurden **holperig**. Das Auto ist sehr langsam gefahren und der Fahrer hat viel gelenkt – so, als ob er **Schlaglöchern** ausweichen musste."

„Das war sehr gut", lobte der Kommissar. „Können Sie sich noch an weitere Geräusche erinnern?"

„Ja, in der Stadt, nicht weit von der Schule entfernt: Da habe ich eine **Sirene** gehört."

„Von einem Krankenwagen?"

„Ja, wahrscheinlich. Und jetzt fällt mir noch was ein. Kurz bevor ich den Trecker gehört habe, sind wir durch eine **Unterführung** gefahren. Die war aber nicht lang."

„Dann war es wahrscheinlich ein Bahn**tunnel**. Moment, ich hole

Kopfsteinpflaster *n*	Oberfläche von Straßen und Wegen, die aus einzelnen Steinen besteht
zügig	schnell
Trecker *m*	Traktor, großes Fahrzeug, das v. a. in der Landwirtschaft benutzt wird
holperig	nicht gleichmäßig, nicht glatt
Schlaglöcher *pl*	offene Stelle in der Straßenoberfläche
Sirene *f*	Gerät, das einen lauten Signalton von sich gibt
Unterführung *f*	Durchgang bzw. Durchfahrt unter einer Straße oder Bahnstrecke
Tunnel *m*	lange Unterführung, meist durch einen Berg oder unter einem Fluss

eine Karte." Mit diesen Worten stand der Kommissar auf, ging zu seinem Auto und kehrte kurz darauf mit einer Landkarte zurück. Hastig räumte er die Teetassen zur Seite und faltete die Karte auseinander.

Im Nomen *Trecker* steckt noch das alte Verb *trecken*. Heute wird es nur noch in Dialekten benutzt. Im Hochdeutschen sagt man dafür *ziehen*. Also ist der Trecker eine Zugmaschine.
Andere Wörter für *Trecker* sind: *Traktor, Landmaschine, Zugmaschine, Schlepper* und *Motorschlepper*.

„Also gut. Hier ist die Schule." Er deutete auf die Karte. „Sie sind nach Westen gefahren." Er fuhr mit dem Zeigefinger die Straße nach. „Erst im Stadtverkehr, dann auf einer schnelleren Straße. Im Westen liegen die Ortsteile Neurath und Overbeck. Die Straße nach Neurath führt über die Bahngleise, während die Straße nach Overbeck unter der Bahn hindurch führt. Durch einen kleinen Tunnel."

Auch Alexa beugte sich über die Karte. „In Overbeck gibt es noch viele Bauernhöfe."

„Und viele Trecker", ergänzte der Kommissar.

„Und wenn man im Ort links abbiegt, kommt man zum Reiterhof. Ja, genau!" Alexa strahlte den Kommissar an. „Der Geruch! Das waren Pferde."

Kommissar Baumgärtner nickte anerkennend. „Sie sind eine gute Beobachterin. Kommen Sie morgen früh mit mir nach Overbeck?"

4 Eine heiße Spur

„Können wir denn dort so einfach hin? Brauchen Sie nicht einen Durchsuchungsbeschluss?“ Alexa schaute den Kommissar fragend an. Sie saß neben ihm im Auto.

„Nun, ich denke, ein Reiterhof wird sich über einen neuen Kunden freuen. Wir sagen einfach, dass wir einen Platz für unser Pferd suchen. Dann können wir uns überall umsehen. Gut, dass wir nicht in einem Polizeiauto sitzen.“

Alexa musste grinsen. Sie fand den Kommissar sehr sympathisch.

Übung 10: Lesen Sie weiter und ergänzen Sie die Pronomen!

„Das Verhältnis zwischen 1. ______ und 2. ______ Mutter ist wohl nicht so gut, oder?“, fragte der Kommissar jetzt.

„Haben Sie das gleich gemerkt? Ja, im Moment macht 3. ______ Stress. Sie wollte unbedingt, dass ich bei diesem Casting mitmache. Es war 4. ______ wahnsinnig wichtig und sie hat 5. ______ praktisch gecoacht: Gesangsunterricht, Yoga, Tanztraining ...“

„Was war denn das für ein Casting?“, wollte Baumgärtner wissen.

Durchsuchungsbeschluss *m*	amtliche Erlaubnis für die Polizei, etw. durchsuchen zu dürfen

„Ach, so ein Gesangswettbewerb für eine Fernsehshow. Mama hat so getan, als würde meine Zukunft davon abhängen.“
„Und Sie selbst?“, fragte Baumgärtner.
„Ich bin gar nicht so traurig darüber, dass ich nicht teilnehmen konnte. Ich singe zwar gern. Und ich glaube, meine Stimme ist auch ganz gut. Aber diese Popsongs sind gar nicht meine Musik. Wenn ich ehrlich bin, finde ich die total peinlich. Ich würde viel lieber in einer Rockband singen. Hey, hier ist der Tunnel!“
„Ja, wir sind gleich da.“

Übung 11: In diesem Gitternetz sind sechs Wörter zum Überbegriff ‚Zimmer' versteckt. Welche sind es?

A	T	E	W	O	S	C	H	W	I	E	R	T
L	I	C	H	T	S	C	H	A	L	T	E	R
A	S	K	A	U	M	B	I	N	L	U	G	O
I	C	E	N	N	I	B	O	D	E	N	A	L
T	H	M	A	T	R	A	T	Z	E	G	L	I

Der Kommissar fuhr in den Ort hinein und bog zweimal links ab. Die Straße endete an einem Parkplatz. Dahinter standen zwei langgestreckte, niedrige Gebäude, die durch ein großes, offenes Tor miteinander verbunden waren. Über diesem Tor hing ein buntes Schild, auf dem ‚Reiterhof Drechsler' zu lesen war.

Hindernisse *pl*	etw, das es schwierig macht, ein Ziel zu erreichen
Stroh *n*	getrocknete Getreidehalme, mit denen man z. B. einen Stall auslegt
Sattel *m*	Sitz auf einem Pferd oder einem Zweirad

Alexa und Kommissar Baumgärtner traten durch das Tor und sahen sich neugierig um. Es gab eine große Wiese, die durch Zäune in mehrere Bereiche unterteilt war. Einige Pferde standen dort im Schatten großer Bäume. Auf einem rechteckigen Sandplatz waren **Hindernisse** aufgestellt, ein anderer abgezäunter Bereich war rund. Dort führte eine Frau ein Pferd an einer langen Leine im Kreis.

Als sie die Besucher sah, band sie das Pferd fest und kam zu ihnen herüber. „Hallo, mein Name ist Drechsler. Kann ich Ihnen helfen?", fragte sie.

Der Kommissar erzählte die Geschichte, die er sich ausgedacht hatte: „Wir sind vor Kurzem in die Gegend gezogen und suchen einen Platz für unser Pferd. Wir würden uns gerne ein wenig umsehen."

„Natürlich, kommen Sie, ich zeige Ihnen alles." Frau Drechsler wies nach links und sagte: „Im Sommer sind die Tiere auf der Wiese, dort ist auch der Reitplatz." Dann deutete sie auf eine große Halle in der anderen Richtung. „Im Winter nutzen wir die Reithalle. Aber am wichtigsten: Hier ist der Stall." Sie führte die beiden zu einer weiteren Halle und öffnete ein Tor. Links und rechts von einem langen Gang sah Alexa einzelne Boxen – zu den Seiten abgetrennt mit Holzwänden, nach vorne hin halb offen. Die meisten waren leer.

„Wir haben überall Tageslicht, außerdem können wir diese Halle heizen", sagte Frau Drechsler. „Wir füttern Biofutter und benutzen Stroh von Bauern aus der Gegend. Ihr Pferd wird es also sehr gut bei uns haben."

In diesem Moment betrat ein Mädchen den Stall. Auf der Schulter trug es einen Sattel.

„Hey, Alexa, was machst du denn hier?"

„Hey, Miriam. Wir sehen uns nur mal um. Ich wusste gar nicht, dass du reitest." Zum Kommissar sagte sie: „Miriam geht in meine Klasse."

„Ich reite schon lange hier. Kann ich dir empfehlen, ist ein guter Hof. Und das Gelände drum herum ist auch super. Okay, ich muss dann mal. Wir seh'n uns." Sie nahm den schweren Sattel auf die andere Schulter und ging weiter.

Frau Drechsler rief ihr hinterher: „Herzlichen Glückwunsch zu deinem Sieg."

Miriam drehte sich noch einmal um und sagte: „Danke. Es kann sein, dass ich deshalb demnächst nicht so viel Zeit für die Pferde habe."

Alexa fragte neugierig: „Was hast du denn gewonnen?"

Übung 12: Welche Aussagen sind falsch? Kreuzen Sie an!

1. Der Kommissar hat Frau Drechsler gesagt, dass er von der Polizei ist. ❒
2. Die Pferde sind das ganze Jahr auf der Wiese. ❒
3. Alexa kannte Miriam aus der Schule. ❒
4. Frau Drechsler gratulierte Miriam, weil sie ein Pferderennen gewonnen hatte. ❒

„Ich hab' beim Casting mitgemacht und darf in der Fernsehshow auftreten."

„Was!" Alexa riss die Augen auf. „Du hast gewonnen? Das glaub' ich nicht. Wie hast du das denn geschafft?"

„Ja, damit habe ich zuerst auch nicht gerechnet. Aber die Konkurrenz war ziemlich schwach. Genau: Wieso warst du eigentlich nicht da?"

„Das fragst du noch?", rief Alexa zornig. „Weil ich hier auf euerm Reiterhof[i] in einem dreckigen **Loch** festgehalten wurde. **Dahinter steckst** du doch. Was willst du überhaupt mit den fünfzigtausend Euro?"

Loch *n*	*hier*: nicht komfortabler Raum
hinter etw. stecken	etw. heimlich getan haben
Zufall *m*	etw., das ohne Plan passiert
Hinweise *pl*	Tipp oder Zeichen, der/das auf etw. schließen lässt

Jetzt war es Miriam, die die Augen aufriss. „Was soll das? Wovon redest du? Was ist mit fünfzigtausend Euro?"

„Tu doch nicht so unschuldig. Ich bin entführt worden und mein Vater hat Lösegeld gezahlt. Jetzt suchen wir das Versteck und finden dich hier. Das kann doch kein **Zufall** sein."

Miriam ließ endlich den Sattel fallen und sagte ernst: „Ich schwöre, dass ich nichts damit zu tun habe. Im Gegenteil: Das tut mir sehr leid."

Nun mischte sich der Kommissar ein: „Wir werden das später klären." Dann wandte er sich an Frau Drechsler, die immer noch neben ihnen stand: „Entschuldigen Sie, dass ich Ihnen nicht gleich die Wahrheit gesagt habe. Ich bin von der Kriminalpolizei und wir suchen das Versteck, in dem Alexa gefangen gehalten wurde. Es gibt einige **Hinweise** darauf, dass es sich hier auf dem Gelände befindet. Helfen Sie uns, es zu finden? Sie kennen sich doch hier aus."

„Ja, klar. Natürlich helfe ich gerne."
Alexa beschrieb noch einmal den Raum.
Frau Drechsler überlegte: „Hm, Betonwände? Es gibt hinter der Reithalle noch ein Gerätehaus. Dort werden die Sättel repariert. Da könnte es sein."

Ständer *m*	Vorrichtung, auf die man etw. legen kann

Sie führte alle zu einem Gebäude, das am Rand des Geländes lag. Mit einem Schlüssel öffnete sie die Tür. In dem Hauptraum standen Rasenmäher und Werkzeuge herum, es gab einen großen Arbeitstisch und mehrere **Ständer**, auf denen Sättel lagen. Die einzige weitere Tür führte in einen dunklen Nebenraum. Frau Drechsler tippte auf den Lichtschalter. Bis auf ein paar Regale an den Wänden war der Raum leer. „Ist es hier?", fragte sie Alexa.
„Nein. In dem Raum war nur eine Matratze, keine Regale. Aber es gab ein Fenster."

> Ein Institut hat herausgefunden: In Deutschland leben ungefähr 1.100.000 Pferde und Ponys. 1.170.000 Menschen, die in Deutschland leben, reiten häufig. Davon sind 1.030.000 Frauen, aber nur 140.000 Männer.

Kommissar Baumgärtner verließ das Gerätehaus und ging einmal um das Gebäude herum. An der Rückseite fand er eine alte Holztür. Daneben war ein schmales Fenster, das zu hoch lag, um hineinzusehen. Das musste das Versteck sein! Er rief die anderen: „Ich glaube, hier ist es." Dann fragte er Frau Drechsler: „Haben Sie einen Schlüssel zu dieser Tür?"
Frau Drechsler zog ihren Schlüsselbund hervor und probierte einen der Schlüssel aus. „Dies ist der Schlüssel zur Vordertür. Ich wusste gar nicht, dass es hier noch einen Raum gibt", sagte sie.
Mit einem lauten Knarren ließ sich die Tür öffnen. An der Wand lag die Matratze.

Übung 13: Setzen Sie die passenden Konjunktionen ein!

bis | nachdem | seit | während

1. Alexa und Miriam kannten sich, ________ sie auf dieselbe Schule gingen.
2. Kommissar Baumgärtner sagte Frau Drechsler die Wahrheit, ________ er sich entschuldigt hatte.
3. Sie suchten das Versteck, ________ sie es gefunden hatten.
4. Alle warteten, ________ Frau Drechsler den Schlüssel suchte.

Der Kommissar nickte zufrieden. „Wer außer Ihnen hat noch einen Schlüssel?", fragte er dann.
„Bestimmt Peter Wenske, unser Hausmeister, und Uwe Jens. Der ist für die Maschinen und Werkzeuge zuständig. Aber beide sind schon seit vielen Jahren bei uns. Für die **lege** ich die **Hand ins Feuer**."
„Nun, wir werden erst einmal die **Spurensicherung** rufen. Solange die Untersuchung läuft, darf niemand diesen Raum betreten." Dann wandte er sich an Alexa: „Und? Jetzt nach Hause?" Alexa nickte.
Auf der Rückfahrt waren beide sehr still und nachdenklich. Dann sagte Alexa: „Sie hatten Recht. Ich kenne die Täterin. Sie ist sogar so etwas wie eine Freundin."

„Urteilen Sie nicht zu schnell. Ich glaube Miriam, dass sie nichts damit zu tun hat. Wir suchen ja auch nach zwei männlichen Tätern. Vielleicht sollten wir mal in Miriams **Umfeld** nachforschen."

„Miriam hat einen Freund. Ich hab' sie schon ein paar mal zusammen gesehen", sagte Alexa. „Er ist ein bisschen chaotisch, aber eigentlich ganz nett."

„Wissen Sie, wie er heißt und wo er wohnt?"

„Das kriege ich raus. Dafür muss ich nur ein bisschen herumtelefonieren."

„Gut, das können Sie auf der **Wache** machen. Aber Miriam darf nichts davon erfahren, damit sie ihn nicht warnen kann."

für jn. die Hand ins Feuer legen	für die Glaubwürdigkeit einer Person garantieren
Spurensicherung *f*	Abteilung innerhalb der Polizei, die z. B. nach Fingerabdrücken sucht
Umfeld *n*	*hier*: Personen, mit denen man in Beziehung steht
Wache *f*	Gebäude, in dem die Polizei ihre Büros hat

5 Ein Täter wird gefasst

Miriam fuhr mit dem nächsten Bus zurück in die Stadt. Während der Fahrt dachte sie nach. Sie war immer noch verwirrt. Zum einen fand sie schrecklich, was passiert war. Zum anderen war sie geschockt darüber, dass Alexa sie **beschuldigte**. Aber wenn sie ehrlich war, konnte sie ihren **Verdacht** verstehen.

jn. beschuldigen	sagen, dass jd. etw. Negatives getan hat
Verdacht *m*	Annahme, dass eine Person etw. Böses tut oder getan hat
Schuldiger/ Schuldige *m, f*	Person, die für etw. Negatives verantwortlich ist
WG *f*	Abkürzung für ‚Wohngemeinschaft'
aufgedreht	*hier*: sehr fröhlich

Das Versteck im Gerätehaus konnte nur jemand nutzen, der den ganzen Hof gut kannte und der einen Schlüssel zu der Tür hatte. Sie hatte zwar keinen eigenen Schlüssel, aber sie hatte schon oft den von Uwe benutzt. Es wäre leicht gewesen, davon eine Kopie machen zu lassen. Und sie kannte den Hof seit Jahren. Dass sie den Raum, in dem Alexa versteckt war, noch nie bemerkt hatte, konnte sie nicht beweisen. Sie hoffte nur, dass der **Schuldige** bald gefunden wurde. Und sie wollte alles tun, um bei der Suche zu helfen.

In diesem Moment bekam sie eine SMS von ihrem Freund Robin: „Kommst du heute noch zu mir?"

„Bin auf dem Weg zu dir", schrieb sie zurück. Am Schlosspark stieg sie aus und wenig später stand sie in der Küche von Robins **WG**.

Übung 14: **Welche Definition passt? Kreuzen Sie an!**

1. Däumchen drehen
   - ❒ a) jemanden warten lassen
   - ❒ b) ungeduldig oder gelangweilt warten
2. am längeren Hebel sitzen
   - ❒ a) etwas besser anpacken können
   - ❒ b) mehr Macht haben
3. am Werk sein
   - ❒ a) gerade etwas erledigen
   - ❒ b) ein dickes Buch lesen
4. Katzenwäsche machen
   - ❒ a) nur wenige Sachen in der Waschmaschine waschen
   - ❒ b) sich nur mit einem feuchten Tuch abwaschen
5. für jemanden die Hand ins Feuer legen
   - ❒ a) für die Glaubwürdigkeit einer Person garantieren
   - ❒ b) eine Arbeit für jemand anderen machen

„Hey, was ist los mit dir? Du bist ja gut drauf", bemerkte Miriam. Tatsächlich war Robin ziemlich **aufgedreht**. Er umarmte sie stürmisch, küsste jede Stelle in ihrem Gesicht und grinste breit. Dabei fiel ihm nicht auf, wie nachdenklich Miriam war.

„Überraschung!", rief er. „Ich habe etwas für dich." Aus seiner Jackentasche holte er ein kleines Päckchen. Es war schön verpackt und mit einer Schleife geschmückt. „Hier, für dich. Pack es aus." Miriam zögerte. „Aber warum? Ich habe gar nicht Geburtstag."

„Einfach so“, sagte Robin.

Ungeduldig sah er zu, wie Miriam die Schleife löste und das Papier entfernte. Vorsichtig hob sie den Deckel von dem Kästchen und hielt den Atem an. In einem Bett aus weichem schwarzem Stoff lag ein Ring mit einem weißen Stein, der im Licht funkelte. Sie nahm ihn heraus und steckte ihn an den Finger. „Wow“, sagte sie beeindruckt.

„Gefällt er dir? Passt er?“, fragte Robin.

„Er ist total schön.“ Miriam drehte ihre Hand im Licht. „Ist der echt?“

„Klar ist der echt. Für meine Liebste nur das Beste.“ Robin grinste immer noch.

„Aber der war doch bestimmt total teuer. Woher hast du die **Kohle**? Du warst doch letzte Woche noch total **pleite** und hast dir sogar Geld von mir geliehen.“

„Das kannst du jetzt auch wiederhaben.“

Übung 15: Lesen Sie weiter und setzen Sie die Verben im Präteritum ein!

Robin **1.** holen ________________ ein Päckchen 50-Euro-Scheine aus seiner Hosentasche und **2.** ziehen ________________ einen Schein heraus. Doch Miriam **3.** nehmen ________________ ihn nicht, sondern **5.** sehen ________________ ihren Freund fassungslos an.

„Jetzt sag schon, woher du auf einmal so viel Geld hast.“ Sie trat einen Schritt zurück. „Du hast doch nicht etwa was mit Alexas Entführung zu tun?“

„Woher weißt du davon?“, fragte Robin überrascht.
„Weil die Polizei heute schon am Reiterhof war und das Versteck gefunden hat“, rief sie aus. „Gerade sucht sie dort nach Spuren. Und ich **laufe** im Stall Alexa **in die Arme**. Jetzt glaubt sie natürlich, dass ich hinter der Entführung stecke.“ Hastig nahm sie den Ring ab und legte ihn auf den Küchentisch. „Ich glaub' es nicht. Das ist kein Streich mehr, das ist kriminell. Mein Freund ist ein Verbrecher. War das deine Idee?“
„Ich hab' das doch nur für dich gemacht“, murmelte Robin und sah sie enttäuscht an.
„Wie, für mich? Was soll das denn heißen? Ich brauche keinen Ring von dir.“
„Ach, der Ring ist Bonus. Ich wollte dir helfen, das Casting zu gewinnen. Ich will dich in dieser Fernsehshow sehen: meine Miriam auf der großen Bühne und Millionen gucken ihr zu.“
Miriam sah ihn irritiert an: „Deshalb hast du Alexa entführt? Damit sie nicht beim Casting mitmachen kann? Du spinnst doch.“
„Na, sie ist schon eine starke Konkurrentin. Ich wollte nur, dass du eine bessere Chance hast.“

ϟ **Kohle** *f*	*hier*: Geld
pleite	ohne Geld
jm. in die Arme laufen	jm. zufällig begegnen
auf etw. verzichten	etw. nicht haben wollen

„Darauf kann ich **verzichten**. Meinst du, jetzt kann ich fröhlich zu der Show gehen und so tun, als ob nichts passiert wäre? Vergiss es. Ein geschenkter Sieg ist doch nichts wert. Du bist so blöd.“
„Aber ich dachte doch nur ...“
Miriam ließ ihn nicht aussprechen. „Denken ist ja nicht deine Stärke. Das kannst du jetzt mir überlassen.“ Mit diesen Worten drehte sie sich um und schloss sich im Badezimmer ein.
Robin sah ihr hinterher und rief: „Ich versteh' dich nicht.“ Dann

murmelte er noch: „Frauen."
Als Miriam nach zehn Minuten immer noch im Badezimmer war, klopfte er leise an die Tür. „Miriam, komm raus. Bitte. Du hast ja recht: Ich bin ein Idiot. Aber ich liebe dich so. Was soll ich denn jetzt machen?"
Miriam öffnete die Tür. „Komm rein", sagte sie. „Ich **habe** gerade **gegoogelt**. Entführung und Erpressung, dafür gehst du fünf Jahre in den **Knast**. Und ich bin mir sicher, dass die Polizei bald rauskriegt, wer hinter dieser Sache steckt."
„Aber wir haben Alexa doch nur für ein paar Stunden eingesperrt. Und ihr ist nichts passiert, wir haben uns gut um sie gekümmert."
„Wer ist denn ‚wir'?", wollte Miriam wissen. „Wer hat denn noch bei dieser blöden Aktion mitgemacht?"
Robin presste die Lippen aufeinander. „Nee, das sag' ich nicht. Das war meine Idee – okay: meine blöde Idee – und ich **stehe** dafür **gerade**. Aber meinen **Kumpel** verrate ich nicht. Den ziehe ich da nicht mit rein."
Miriam nickte anerkennend. „Wie du willst. Aber du musst auf jeden Fall sofort zur Polizei gehen. Und das Geld zurückgeben. Dann hast du vielleicht noch eine Chance. Los, komm. Wir gehen zusammen. Der Kommissar ist ganz okay, mit dem kann man reden."
„Und den Ring willst du nicht behalten?", fragte Robin noch mit einem **verlegenen** Grinsen.

googeln	mit einer Suchmaschine im Internet nach etw. suchen
ϟ **Knast** *m*	Gefängnis
für etw. geradestehen	die Verantwortung für etw. übernehmen
Kumpel *m*	Freund
verlegen	beschämt, unangenehm berührt
jn. erwischen	jn., den man verfolgt hat, schließlich fangen
Handschelle *f*	Metallkette, die um beide Handgelenke gelegt und abgeschlossen werden kann

„Du Idiot." Miriam boxte ihn gegen die Schulter. „Das ist nicht lustig. Wo ist das restliche Geld?"

Übung 16: Schreiben Sie die Sätze um und verwenden Sie „trotz" oder „wegen"!

1. Obwohl Miriam beim Casting gesiegt hatte, wollte sie nicht zur Fernsehshow gehen.

   ____

2. Weil es im Badezimmer ruhig war, konnte Miriam dort gut nachdenken.

   ____

3. Weil Robin Alexa entführt hatte, konnte er hart bestraft werden.

   ____

4. Obwohl Robin eine blöde Idee gehabt hatte, hielt Miriam zu ihm.

   ____

Robin ging in sein Zimmer. Miriam hörte, dass er telefonierte: „Die erwischen mich. Ich will nicht, dass sie mich in Handschellen hier rausbringen. Ich geh' lieber selbst zur Polizei. Nein, von dir wissen sie nichts und sie werden auch nichts erfahren. Komm mich im Knast mal besuchen."
Dann kam er mit dem Schuhkarton zurück. Er griff in seine Hosentasche, holte das Päckchen Fünfziger heraus und legte es zu den anderen. „Hier ist auch Alexas Handy. Damit haben wir ..." Er

korrigierte sich schnell: „... habe ich Alexas Eltern angerufen."

Miriam packte den Ring wieder in das Kästchen und legte es zu den Geldscheinen und dem Handy. Jetzt war der Schuhkarton wieder fast voll. Miriam fasste Robin an der Hand und gemeinsam gingen sie aus dem Haus.

strafmildernd	so, dass die Strafe nicht so hart sein wird
jm. den Kopf waschen	*hier*: jm. die Meinung sagen, jn. auf einen Fehler aufmerksam machen
Raten *pl*	kleine Teile einer Geldsumme, die regelmäßig bezahlt werden

Als sie gerade ein paar Meter gegangen waren, bremste ein Polizeiauto neben ihnen. Kommissar Baumgärtner sprang heraus und stellte sich ihnen in den Weg.

„Hallo Herr Kommissar", sagte Miriam. „Dies ist mein Freund Robin und wir sind gerade auf dem Weg zu Ihnen. Robin möchte Ihnen nämlich etwas erzählen."

Robin starrte unsicher auf seine Schuhe.

„Das trifft sich gut, denn wir waren gerade auf dem Weg zu Ihnen", antwortete der Kommissar. „Ich glaube, ich weiß, was Sie uns sagen möchten. Das ist eine gute Entscheidung. Sie wird uns eine Menge Arbeit ersparen und ich bin mir sicher, dass sie sich **strafmildernd** auswirken wird. Verhaften muss ich Sie aber trotzdem."

Jetzt stieg auch Alexa aus dem Auto und Robin wünschte sich, er wäre unsichtbar. Alexa blickte Miriam fragend an. Die stieß ihren Freund in die Seite. „Na los. Sag schon was."

Robin drehte den Schuhkarton unsicher in den Händen.

„Es tut mir leid. Ich habe manchmal so blöde Ideen. Aber Miriam **hat** mir **den Kopf gewaschen**." Er überreichte Alexa den Karton und sagte: „5000 Euro fehlen. Die kriege ich auch nicht wieder. Kann ich das in **Raten** zurückzahlen?"

Abschlusstest

Lösungen

Glossar

Verzeichnis der Übungen

Abschlusstest

Mörderische Intrige

Test 1: **Ergänzen Sie den Text mit den angegebenen Präpositionen und setzen Sie die Artikel!**

in   seit   für   in   vor

______ ______ Vergangenheit musste Christian keine Angst haben. Er saß meist ______ ______ Computer und war nur ______ ______ Fachkreisen bekannt. ______ ______ Ausschalten von ODA war er ______ ______ Kriminellen ein Feind.

Test 2: **Formulieren Sie die Sätze im Passiv!**

1. Christian hat einen Gegentrojaner entwickelt.

   ____

2. Damit zerstörte er das neue ODA.

   ____

3. Er kann Magnus nicht überzeugen, zur Polizei zu gehen.

   ____

4. Christian hat Laura nicht enttäuscht.

   ____

Test 3: **Richtig oder falsch? Welche Aussagen sind richtig? Kreuzen Sie an!**

1. Christian konnte das alte ODA sofort zerstören. ❐
2. Christian will sich mit Magnus versöhnen. ❐
3. Christian sagt Magnus, dass Laura Kommissarin ist. ❐
4. Magnus hat ODA seine Signatur gegeben. ❐
5. Christian möchte Laura am Ende nicht wiedersehen. ❐

Test 4: **Beantworten Sie die Fragen und finden Sie das Lösungswort!**

1. Wie heißt ein schnelles Tier im Märchen oder in der Fabel?

   ☐ _ _ _

2. Wo arbeitet Laura?

   _ ☐ _ _ _ _ _

3. Womit beschäftigt sich Christian an der Uni?

   _ _ _ _ _ ☐ _ _ _ _ _ _ _ _

4. Anderes Wort für „angeberisch" ☐ _ _ _ _ _ _

5. In welchen Strauch wurde die Mutter gestoßen?

   _ _ _ _ _ _ _ _ ☐

6. Wie heißt die Tochter von Magnus?

   _ ☐ _ _ _

Lösung: ☐☐☐☐☐☐

Der Todeslauf

Test 5: **Ergänzen Sie die richtige Adjektivform!**

gut alt schnell schön

1. Sven wohnt in einer ______ Wohnung in Bonn.
2. Manuel Weber liebt sein ______ Motorrad.
3. Am Wochenende fahren viele mit ihrem ______ Auto über den Nürburgring.
4. Ein ______ Triathlet schafft die Strecke in unter neun Stunden.

Test 6: **Ergänzen Sie die richtigen Präpositionen und, falls notwendig, den Artikel!**

Sven war an diesem Abend 1. ______ neuen Auto 2. ______ Stadt gefahren.
Dort hatte er sich 3. ______ seiner Freundin 4. ______ Italiener verabredet. Sie sprachen 5. ______ ihre Zukunft und aßen eine leckere Pizza und tranken Wein. Spät 6. ______ Abend gingen sie 7. ______ Fuß 8. ______ Hause.

Test 7: **Welches Wort passt nicht in die Reihe?**

1. laufen joggen rennen gehen
2. untersuchen ablehnen ermitteln überprüfen
3. der Helm der Ball der Neoprenanzug der Badeanzug
4. die Wut der Ärger der Zorn die Angst

Test 8: **Beantworten Sie die folgenden Fragen zum Text!**

1. Wer ist Timo Maier?

____

2. Aus welchen Disziplinen besteht ein Triathlon?

____

3. Wo hat Sven Böhmer früher gearbeitet?

____

4. Wo versteckt Sven Böhmer das Dopingmittel?

____

5. Wie kommt der Kommissar auf die Spur von Tobias Evens?

____

Gefährliche Freunde

Test 9: ***Wenn*** **oder** ***als*****? Setzen Sie ein!**

1. __________ Herr Velbert allein auf dem stillen Platz stand, dachte er: 2. __________ das alles vorbei ist, werde ich mit Alexa segeln gehen. Das haben wir oft gemacht, 3. __________ sie noch klein war. Wir haben uns immer gut verstanden, 4. __________ wir zusammen auf dem Boot waren.

Test 10: **Setzen Sie die passenden Präpositionen ein!**

auf   für   mit   über   von

Alexa erzählte: „Ich ärgere mich 1. ______ meine Mutter. Ich streite mich oft 2. ______ ihr. Ich soll mich 3. ______ das Casting vorbereiten. Ich interessiere mich 4. ______ Musik, aber ich halte mehr 5. ______ Rockmusik."

Test 11: **Finden Sie das Lösungswort!**

1. großes Fahrzeug, das besonders in der Landwirtschaft benutzt wird _ _ _ ☐ _ _ _
2. Darauf sitzen Radfahrer und Reiter. _ ☐ _ _ _ _
3. Ort, an dem Tiere untergebracht werden ☐ _ _ _ _
4. weiches Polster für ein Bett _ _ ☐ _ _ _ _ _
5. lautes Geräusch, mit dem z. B. ein Krankenwagen warnt _ ☐ _ _ _ _
6. Bauwerk für den Verkehr, z. B. unter einer Bahnlinie _ _ _ ☐ _ _
7. Damit kann man Dinge nah sehen, obwohl sie weit weg sind. _ _ _ _ ☐ _ _ _

Lösung: ☐☐☐☐☐☐☐

Test 12: Beantworten Sie die Fragen zum Text!

1. Woher kennen sich Alexa und Miriam?

2. Alexa verdächtigt Miriam, etwas mit der Entführung zu tun zu haben. Warum?

3. Weshalb möchte Miriam den Ring nicht behalten?

4. Wieso will Robin nicht sagen, wer sein Komplize ist?

Lösungen

Mörderische Intrige

Übung 1: **1.** Tastatur **2.** Stick **3.** Laptop **4.** Tablet **5.** Maus **6.** Monitor

Übung 2: **1.** Passwort **2.** Informatiker **3.** Rechner **4.** Computerwurm

Übung 3: **1.** infizierten **2.** zerstörten **3.** interessant **4.** baten

Übung 4: **1.** richtig **2.** falsch (Christian hat Angst um Laura.) **3.** falsch (Er isst ihn nur zur Hälfte auf.) **4.** richtig

Übung 5: **1.** d **2.** a **3.** b **4.** c

Übung 6: **1.** programmiert **2.** gebaut **3.** angeeignet **4.** gehackt

Übung 7: **1.** b **2.** d **3.** a **4.** c

Übung 8: **1.** Ist der Igel immer zuerst da? **2.** Ermittlungsarbeit ist für Laura wie eine bekannte Fabel. **3.** Hacker halten sich für besonders klug. **4.** Laura ist Spezialistin im Kampf gegen Cyberkriminalität.

Übung 9: **1.** ihm **2.** mich **3.** mir **4.** Es **5.** ihn

Übung 10: **1.** aus dienstlichen Gründen **2.** aufgrund psychischer Probleme **3.** aus Angst **4.** Sie braucht sein Fachwissen im Kampf gegen ODA.

Übung 11: **1.** den Bäumen **2.** einer einfachen Hütte **3.** einem zugewachsenen Grundstück **4.** den Wald

Übung 12: **1.** Futur **2.** Futur **3.** Präsens **4.** Futur **5.** Präsens

Übung 13: **1.** Wer muss man sein? **2.** Was nutzen Hacker im Code? **3.** Mit wem vergleicht sich der Macher von ODA? **4.** Wie legt er das Besteck weg?

Übung 14: **1.** erreichen, erreichbar **2.** verzweifeln, verzweifelt **3.** bluten, blutig **4.** überzeugen, überzeugend

Übung 15: **1.** verstehen **2.** hören **3.** umbringen **4.** machen **5.** bestrafen

Übung 16: **1.** hassen **2.** wissen **3.** Frau **4.** Mörder

Der Todeslauf

Übung 1: **1.** bringen **2.** gut **3.** Wettkampfort **4.** Innenstadt

Übung 2: **1.** c **2.** e **3.** a **4.** d **5.** b

Übung 3: **1.** mussten **2.** schickte **3.** ging **4.** versuchte **5.** starb

Übung 4: **1.** falsch (Sven und Felix waren Konkurrenten) **2.** richtig **3.** falsch (nicht der Notarzt, sondern der Wettkampfarzt, Dr. Gierlich, hat in Svens Urinprobe Dopingmittel gefunden) **4.** falsch (Manuel Weber wohnt in Köln) **5.** richtig

Übung 5: **1.** Er gibt ihr Tipps. **2.** Er war der schärfste Konkurrent von ihm. **3.** Sie standen schockiert um ihn herum. **4.** Der Kommissar reicht sie ihm.

Übung 6: **1.** auf **2.** nach **3.** durch **4.** mit **5.** in

Übung 7:

M	D	J	E	F	G	H	R	C	B
E	I	F	E	R	S	U	C	H	T
A	M	K	G	U	B	N	V	R	L
R	L	F	N	E	I	D	L	P	T
T	H	C	K	S	L	J	E	R	F
T	W	U	T	B	W	U	C	A	G
Z	U	S	L	T	Y	F	P	C	R
E	H	R	G	E	I	Z	B	H	K
I	S	W	P	U	V	C	I	E	K

Übung 8: **1.** Der Fall wird von dem Kommissar untersucht. **2.** Manuel Weber befragte die Zeugen. **3.** Seine Freundin wurde von Sven Böhmer in ihr Lieblingslokal eingeladen. **4.** Das Labor muss das Dopingmittel untersuchen.
5. Die Kripo nimmt am Ende den Mörder fest.

Übung 9: **1.** HELM **2.** STADION **3.** KRIPO **4.** DOPING **5.** FAHRRAD FAHREN **6.** LADY **7.** EIFEL **8.** FELIX **Lösungswort:** Mordfall

Übung 10: **1.** in der; in die; aus der **2.** in; nach; aus **3.** zu; nach; von zu/nach **4.** am; an den; vom **5.** bei; zu; von

Übung 11: **1.** zwar ... aber **2.** nicht nur ... sondern auch **3.** entweder ... oder **4.** weder ... noch

Übung 12: **1.** Der Kommissar fragt den Mann, woher er kommt. **2.** Svens Freundin möchte wissen, wer Sven getötet hat. **3.** Die Haushälterin fragte ihn, ob sie ihm einen Kaffee anbieten darf. **4.** „Wo ist mein Schlüssel", wundert sich der Kommissar. **5.** Felix Habermann fragt seinen Freund: „Hast du am Wochenende trainiert?"

Übung 13: **1.** Ampullen mit einer durchsichtigen Flüssigkeit **2.** Weil dort das Ferienhaus von Sven Böhmer steht **3.** Weil er viel Geld hatte und im Luxus lebte **4.** Die Haushälterin im Ferienhaus von Sven Böhmer.

Übung 14: **1.** dass **2.** Deshalb **3.** sondern **4.** denn **5.** Trotzdem

Übung 15: **1.** bekommen **2.** gegeben **3.** angesprochen **4.** gekannt **5.** versprochen

Übung 16:

					1 H	E	8 L	M	
							Ü		
							G		
							E		
				2/7 G	E	G	N	E	R
3/5 M	I	6 R		E					
Ü		A		I					
D		T		Z					
4 E	H	E	R	I	N	G			
		N		G					

Übung 17: **1.** falsch (Tobias ist der Witwer von Lilly Evens.) **2.** richtig **3.** richtig **4.** falsch (Lilly hat Dopingmittel gekauft.) **5.** falsch (Tobias hat sich als freiwilliger Helfer für den Triathlon gemeldet.)

Übung 18: **1.** Manuel Weber, der in Köln lebt, arbeitet bei der Polizei. **2.** Sven, dem das luxuriöse Ferienhaus in der Eifel gehört, hat viel Geld. **3.** Sven starb an dem Dopingmittel, mit dem er gehandelt hatte. **4.** Die Eifel hat eine schöne Landschaft, durch die Viele mit dem Motorrad fahren. **5.** Lilly war eine erfolgreiche Sportlerin, mit der Tobias verheiratet war. **6.** Die Trinkflasche, in der das Dopingmittel war, wurde im Labor untersucht.

Gefährliche Freunde

Übung 1: **1.** hatte **2.** wusste **3.** zuckte **4.** abtastete **5.** griff

Übung 2: **1.** weder/noch **2.** weder/noch **3.** sowohl/als auch **4.** entweder/oder

Übung 3: **1.** richtige Aussage **2.** Er will die Polizei anrufen, weil diese bessere Möglichkeiten hat, die Entführer zu schnappen. **3.** Er will das Geld den Entführern geben, damit sie Alexa wieder freilassen. **4.** In diesem Zimmer gibt es kein Bett, sondern eine alte Matratze; es gibt kein Badezimmer, sondern einen Eimer.

Übung 4: **1.** c **2.** d **3.** e **4.** a **5.** b

Übung 5: **1.** warum **2.** wo **3.** ob **4.** wann

Übung 6: **1.** Er hat ihn mit einer Fernbedienung gesteuert. **2.** Er sollte den Karton öffnen, damit der Entführer das Geld sehen konnte. **3.** Der Karton sollte zugeklebt sein, damit er beim Transport nicht aufginge und dann das Geld herausfiele. **4.** Er wartete noch auf Alexa, denn er glaubte, dass sie bald freigelassen würde.

Übung 7: **1.** schneller **2.** besser **3.** lieber **4.** mehr

Übung 8: **1.** mir **2.** mich **3.** mir **4.** mich, mich

Übung 9: **1.** Der Deutschkurs, für den Alexa das Buch lesen musste, machte ihr Spaß. **2.** Die Hamburger, die der Entführer ihr brachte, waren kalt. **3.** Das Handtuch, mit dem Alexa sich wusch, war nass. **4.** Der Entführer, der ihr die Fesseln abgemacht hatte, trug einen Motorradhelm.

Übung 10: **1.** Ihnen **2.** Ihrer **3.** sie **4.** ihr **5.** mich

Übung 11:

A	T	E	W	O	S	C	H	W	I	E	R	T
L	I	C	H	T	S	C	H	A	L	T	E	R
A	S	K	A	U	M	B	I	N	L	U	G	O
I	C	E	N	N	I	B	O	D	E	N	A	L
T	H	M	A	T	R	A	T	Z	E	G	L	I

Übung 12: **1.** Er hat gesagt, dass er einen Platz für sein Pferd sucht. **2.** Die Pferde sind im Winter im Stall. **3.** richtige Aussage **4.** Frau Drechsler gratulierte Miriam, weil sie das Casting gewonnen hatte.

Übung 13: **1.** seit **2.** nachdem **3.** bis **4.** während

Übung 14: **1.** b **2.** b **3.** a **4.** b **5.** a

Übung 15: **1.** holte **2.** zog **3.** nahm **4.** sah

Übung 16: **1.** Trotz ihres Sieges beim Casting wollte Miriam nicht zur Fernsehshow gehen. **2.** Wegen der Ruhe im Badezimmer konnte Miriam dort gut nachdenken **3.** Wegen Alexas Entführung konnte Robin hart bestraft werden. **4.** Trotz Robins blöder Idee hielt Miriam zu ihm.

Abschlusstest

Mörderische Intrige

Test 1: **1.** In der **2.** vor dem **3.** in den **4.** Seit dem **5.** für die

Test 2: **1.** Ein Gegentrojaner ist (von Christian) entwickelt worden. **2.** Das neue ODA wurde (von ihm) damit zerstört. **3.** Magnus konnte (von ihm) nicht überzeugt werden, zur Polizei zu gehen. **4.** Laura ist (von Christian) nicht enttäuscht worden.

Test 3: **1.** falsch (Es hat lange gedauert.) **2.** richtig **3.** falsch (Er sagt es nicht.) **4.** richtig **5.** falsch (Er will wieder anrufen.)

Test 4: **1.** HASE **2.** POLIZEI **3.** SCHADPROGRAMME **4.** PROTZIG **5.** BROMBEERE **6.** LILLY

Lösungswort: HOPPEL

Der Todeslauf

Test 5: **1.** schönen **2.** altes **3.** schnellen **4.** guter

Test 6: **1.** mit dem **2.** in die **3.** mit **4.** beim **5.** über **6.** am **7.** zu **8.** nach

Test 7: **1.** gehen **2.** ablehnen **3.** der Ball **4.** die Angst

Test 8: **1.** Timo Maier ist der Kollege von Kommissar Weber. **2.** Schwimmen, Fahrrad fahren und Laufen. **3.** Er hat in einer Bank gearbeitet. **4.** Im Garten und im Keller von seinem Ferienhaus in der Eifel. **5.** Er findet einen Zeitungsartikel über den Tod von Lilly Evens.

Gefährliche Freunde

Test 9: **1.** Als **2.** Wenn **3.** als **4.** wenn

Test 10: **1.** über **2.** mit **3.** auf **4.** für **5.** von

Test 11: **1.** TRECKER **2.** SATTEL **3.** STALL **4.** MATRATZE **5.** SIRENE **6.** TUNNEL **7.** FERNGLAS
Lösungswort: CASTING

Test 12: **1.** Sie kennen sich aus der Schule, denn sie gehen in die gleiche Klasse. **2.** Miriam kennt den Reiterhof gut und sie könnte einen Schlüssel für das Versteck haben. **3.** Der Ring wurde mit dem erpressten Geld bezahlt. **4.** Die Entführung war seine Idee, er allein will auch für die Folgen verantwortlich sein.

Glossar

ϟ = umgangssprachlich	*etw.* = etwas
f = feminin	*jd.* = jemand
m = maskulin	*jm.* = jemandem
n = neutral	*jn.* = jemanden
pl = Plural	*js.* = jemandes

sich abgeben *mit*	*negativ für*: sich mit etw. oder jm. beschäftigen
jn. abhalten	verhindern, dass jd. etw. tut
absichtlich	bewusst
abwesend	*hier*: nicht aufmerksam
Aktivisten	Menschen, die sich für ein bestimmtes Ziel mit aller Kraft einsetzen
am längeren Hebel sitzen	mehr Macht haben
Ampulle *f*	kleiner, dünner Glasbehälter
sich aneignen	*hier*: lernen
aneinandergeraten	sich streiten
angespannt	unruhig, nervös
Angriffsflächen *pl*	verwundbare Stellen
jm. in die Arme laufen	jm. zufällig begegnen
Asphalt *m*	Bodenbelag auf Straßen
auf den Zahn fühlen	genau nachhören, nachfragen
aufgedreht	*hier*: sehr fröhlich

aufgehen	*hier*: sich vergessen, sich nur auf eine Sache konzentrieren
aufklären	die Wahrheit finden oder sagen
aufnehmen	*hier*: protokollieren, notieren
aufrollen	*hier*: beginnen, gegen etw. vorzugehen, z. B. gegen ein Verbrechen
aufs Spiel setzen	riskieren
auftauchen	an die Oberfläche kommen
Augenlid *n*	Haut zum Schutz der Augen
Augenzeugen *pl*	Menschen, die ein Ereignis gesehen haben
sich ausgeben *als*	so tun, als ob
ausgiebig	intensiv
ausmalen	*hier*: ausdenken, vorstellen
ausnutzen	einen Vorteil wahrnehmen
sich aussprechen	miteinander reden, um Streit zu beenden
aus voller Kehle	sehr laut
bemitleidenswert	Mitleid weckend, kläglich wirkend
benutzen	als Mittel verwenden
beschließen	zu einer Entscheidung kommen
jn. beschuldigen	sagen, dass jd. etw. Negatives getan hat
bestechen	jm. etw. anbieten, um ein Ziel zu erreichen, das sonst unerreichbar wäre
bestimmen	entscheiden, festlegen
Beton *m*	Baumaterial, das erst flüssig ist und dann sehr hart wird
↯ Blechschlange *f*	viele Autos hintereinander
einen Blick *auf etw.* werfen	etw. kurz ansehen

sich blicken lassen	an einem Ort erscheinen, sodass man gesehen wird
bluffen	so tun als ob
Botnetz *n*	Gruppe von automatisierten Programmen auf vernetzten Computern
brisant	gefährlich, heikel
Brombeere *f*	niedrige Pflanze mit vielen Stacheln, die im Herbst schwarz-violette Beeren trägt
Bruchteil *m*	geringe Menge
Brummen *n*	tiefes Geräusch, z. B. eines Motors
Computerwürmer *pl*	Viren, die sich über das Internet verbreiten
Däumchen drehen	ungeduldig auf etw. warten
Deep net *n*	Seiten im Internet, die nicht frei zugänglich sind
Doktorvater	Professor an der Universität, der die Doktorarbeit eines Studenten betreut
Dornen *pl*	spitze Stacheln, z. B. an den Stängeln von Rosen
Dummheiten *pl*	Handlungen, die nicht klug sind
durchsichtig	klar, ohne Farbe
Durchsuchungsbeschluss *m*	amtliche Erlaubnis für die Polizei, etw. durchsuchen zu dürfen
ehrgeizig	unbedingt Erfolg haben wollen
Eifel *f*	nordwestlicher Teil des Rheinischen Schiefergebirges
eigenartig	ungewöhnlich
ein Herz und eine Seele	*Redensart:* völlig eins
einmischen	ohne Recht mitmachen

Einsatzzentrale *f*	*hier*: Zentrale, welche die Einsätze der Polizei steuert
sich einschleichen	heimlich an einen Ort gelangen
etw. einschleusen	etw. heimlich irgendwo hineinbringen, sodass es keiner bemerkt
einseitig	nicht vielfältig
jn. einsperren	eine Person gegen ihren Willen in einem Raum festhalten
eklig	unangenehm aussehend, riechend oder schmeckend
elend	schwach, krank
jn. entführen	eine Person mit Gewalt an einen Ort bringen und dort festhalten
Erfinder/Erfinderin *m, f*	jd., der ein neues Produktschafft
in Erfüllung gehen	real werden, Wirklichkeit werden
Erleichterung *f*	Gefühl, wenn der innere Druck nachlässt
ermitteln	einen Fall untersuchen
Ermittlungsbehörden *pl*	Polizeiverwaltung zur Aufdeckung von Verbrechen
Erpressung *f*	Drohung
etw. ertragen	etw. Unangenehmes erleben und aushalten
erwidern	antworten
jn. erwischen	jn., den man verfolgt hat, schließlich fangen
Fachkreise *pl*	Gruppe von Spezialisten
Feinfühligkeit *f*	Sensibilität
Fernbedienung *f*	Gerät, mit dem man ein anderes elektrisches Gerät ohne Kabel aus einiger Entfernung bedienen kann

Fernglas *n*	optisches Gerät, mit dem man entfernte Dinge besser sehen kann
ϟ fertigmachen	*hier*: völlig besiegen, ausschalten
fixieren	genau ins Auge fassen
flimmern	*hier*: vor Nervosität ein vibrierendes Bild vor Augen haben
Flow *m*	völlige Konzentration, die glücklich macht
fortfahren	*hier*: weitersprechen
Freiheitsberaubung *f*	eine Person wird längere Zeit an einem Ort festgehalten, obwohl sie das nicht will
freiwillig	ohne Zwang
Funkeln *n*	Lichtreflex
Funkgerät *n*	elektrisches Gerät, das auf einer bestimmten Frequenz Tonsignale sendet und empfängt
Fußabstreifer *m*	Matte vor der Außentür zum Säubern der Schuhe
eine Gänsehaut bekommen	Reaktion der Haut bei Kälte oder Angst
den Gedanken beiseiteschieben	an etw. anderes denken
einem Gedanken nachhängen	über etw. nachdenken
Gefängnis *n*	Gebäude, in dem Verbrecher zur Strafe eingesperrt sind
gefasst werden	festgenommen werden

Gegenmittel *n*	Maßnahme gegen etw.
Gegensprechanlage *f*	Anlage an Haustüren, um mit der Person, die vor der Türe steht, sprechen zu können
geizig	übertrieben sparsam
Gelände *n*	begrenztes Grundstück
gelegen kommen	für jn. günstig/passend sein
gemäht	kurz geschnitten (z. B. eine Wiese)
für etw. geradestehen	die Verantwortung für etw. übernehmen
geschmiert	(mit Fett) bestrichen
das Gesicht verziehen	ein komisches Gesicht machen
Geständnis *n*	Erklärung, mit der man eine Schuld zugibt
gestört	*hier*: psychisch krank
Gestrüpp *n*	Menge an sehr dicht wachsenden niedrigen Pflanzen
gönnen	jm. etw. ohne Neid zugestehen
googeln	mit einer Suchmaschine im Internet nach etw. suchen
ϟ *der* Groschen fällt *bei jm.*	jd. versteht etw. in diesem Moment
grübeln	intensiv nachdenken
Hacker *m*	*hier*: jemand, der in das Computersystem eindringt
Hacker-Ethik *f*	moralische Grundsätze für Hacker
Haken *m*	gebogener Gegenstand, an dem man etw. aufhängen kann
für jn. die Hand ins Feuer legen	für die Glaubwürdigkeit einer Person garantieren

Handgelenk *n*	bewegliche Verbindung zwischen Arm und Hand
Handschelle *f*	Metallkette, die um beide Handgelenke gelegt und abgeschlossen werden kann
Hangar *m*	große Halle zur Unterbringung von Flugzeugen
sich halten *für*	etw. von sich selbst denken
sich an jn. heften	jn. verfolgen, direkt hinter jm. bleiben
heimlich	etw. so machen, dass es niemand mitbekommt
jn. herausfordern	jm. einen Wettkampf anbieten
Herausforderung *f*	große Aufgabe
Hindernis *n*	etw., das es schwierig macht, ein Ziel zu erreichen
hinter *etw.* stecken	etw. heimlich getan haben
Hinweis *m*	Tipp oder Zeichen, der/das auf etw. schließen lässt
ϟ *die* Hölle los sein	sehr viel los sein
holperig	nicht gleichmäßig, nicht glatt
Horizontale Jena	Name für ein Sportereignis bei Jena (Stadt in Thüringen)
sich im Kreis drehen	*hier*: nicht weiterkommen, keinen Fortschritt machen
in seiner Haut stecken	an der Stelle des anderen sein
Kante *f*	Stelle, an der zwei Flächen im Winkel aneinander stoßen
Katzenwäsche *f*	schnelle, oberflächliche Wäsche (z. B. des Gesichtes)
in Kauf nehmen	akzeptieren

keine besonderen Vorkommnisse	nichts Außergewöhnliches ist geschehen
keinen Sinn ergeben	sinnlos/unlogisch sein
knacken	*hier*: ein Geheimnis lösen
knarrend	mit einem Geräusch, das entsteht, wenn sich Holz bewegt
↯ Knast *m*	Gefängnis
↯ Kohle *f*	*hier*: Geld
Kölsch *n*	regionales Bier aus Köln, meist in kleinen Gläsern serviert
etw. kommen sehen	ahnen, dass etw. passiert
Komplize/Komplizin *m, f*	Mittäter
Königsberger Klopse *pl*	Speise aus Fleischklößen
↯ *jm. den* Kopf einschlagen	jn. töten
↯ *jm. den* Kopf waschen	*hier*: jm. die Meinung sagen, jn. auf einen Fehler aufmerksam machen
Kopfsteinpflaster *n*	Oberfläche von Straßen und Wegen, die aus einzelnen Steinen besteht
kräftig	*hier*: etw. dick
Kripo (Kriminalpolizei) *f*	Abteilung innerhalb der Polizei für die Verfolgung und Verhütung von Straftaten, z. B. Mord
Kumpel *m*	Freund
kurvenreich	mit vielen Kurven (z. B. bei einer Straße)
Laborant *m*	Helfer im Labor
Laborkittel *m*	Schutzkleidung für Laboranten oder Ärzte
Lautsprecher *m*	Gerät, das Töne verstärkt wiedergibt
leblos	ohne Leben, tot

Lehrauftrag *m*	an der Universität übernommener Unterricht
leichenblass	farblos wie ein Toter
leiden unter	durch etw. oder jn. einen Schaden haben
leitend	führend
jm. eine Lektion erteilen	jn. zurechtweisen
Loch *n*	*hier*: nicht komfortabler Raum
Lösegeld *n*	Geld, das man bezahlt, damit eine entführte Person wieder freigelassen wird
Marathon *m*	Lauf über 42,195 km
meiden	aus dem Weg gehen
Mensch-ärgere-dich-nicht	Brettspiel, bei dem man Figuren des Gegenspielers aus dem Spiel werfen kann
Milchzahn *m*	einer der ersten Zähne, die zwischen dem 6. und 12. Lebensjahr wieder ausfallen
missmutig	schlecht gelaunt
misstrauen	nicht glauben wollen, kein Vertrauen haben
Mitleid *n*	Verständnis für das Leid anderer
Mühe *f*	große Anstrengung
murmeln	leise und unverständlich sprechen
nachhelfen	helfen, damit etw. besser funktioniert
nachgeschoben	*hier*: im Nachhinein vorgebracht
Nachtigall *f*	Singvogel
Nasenlänge *f*	*hier*: ein kleiner Abstand
Neider *m*	Mensch, der jm. etw. nicht

	gönnt
Neoprenanzug *m*	Schutzanzug vor Kälte beim Schwimmen
etw. **nicht ungestraft lassen**	etw. nicht ohne Strafe lassen
ohnmächtig	(für kurze Zeit) ohne Bewusstsein
pachten	Land mieten
passieren	*hier*: vorbeifahren
Pfad *m*	schmaler Weg
Pinzette *f*	kleines Werkzeug, mit dem man sehr kleine Teile greifen und festhalten kann
pleite	ohne Geld
Präzision *f*	Genauigkeit
etw. **preisgeben**	etw. verraten
Propeller *m*	dem Antrieb dienendes Teil von (Luft)fahrzeugen, das sich schnell drehen kann
protzig	angeberisch
Putzfimmel *m*	übertriebene Freude am Putzen
quälend	Schmerzen bereitend
Ranke *f*	langer, dünner Teil einer Pflanze
Raten *pl*	kleine Teile einer Geldsumme, die regelmäßig bezahlt werden
Rausch *m*	Veränderung der Psyche (z. B. durch zu großen Alkoholgenuss)
regungslos	ohne eine Bewegung
Reitstunde *f*	Unterrichtsstunde, um reiten zu lernen
ϟ *den* **richtigen Riecher haben**	die richtige Idee/Spur haben

Rollladen *m*	verschiebbare Vorrichtung zum Verdunkeln von Fenstern; Jalousie
Routineangelegenheit *f*	Gewohnheit
Rückendeckung geben	Verhindern einer Gefahr von hinten, *allgemein*: helfen
rührend	emotional bewegend
etw. ruinieren	etw. so zerstören, dass man es nicht reparieren kann
Sattel *m*	Sitz auf einem Pferd oder einem Zweirad
Schadenfreude *f*	Freude über den Schaden / das Unglück von anderen
Schadprogramme *pl*	Computerprogramme für schädliche Funktionen
schickimicki	*negativ für*: schick und luxuriös
ϟ schiefgehen	nicht gelingen
Schlaglöcher *pl*	offene Stelle in der Straßenoberfläche
ϟ Schlappohr *n*	großes, hängendes Ohr
schleudern	kräftig werfen
Schnur *f*	sehr dünnes langes Seil
der Schock sitzt tief	emotional stark betroffen sein
schrill	unangenehm hell und hoch klingend, meistens laut
Schuldiger/ Schuldige *m/f*	Person, die für etw. Negatives verantwortlich ist
Schwebezustand *m*	*hier*: Zustand, in dem die reale Welt vergessen wird
Schwerverbrecher/ -verbrecherin *m/f*	jd., der ein sehr schweres Verbrechen begangen hat, z. B. Mord
Schwung *m*	Bewegung mit viel Kraft im Bogen

seelenverwandt	Menschen, die gleich denken und fühlen
die Seiten wechseln	*hier*: mit dem Gegner zusammenarbeiten
Selbstzweifel *pl*	Unsicherheit gegenüber dem eigenen Verhalten
Sender *m*	Gerät, das Signale abgibt
sich schnell verbreiten	schnell bekannt werden
Siegerehrung *f*	Moment nach einem Wettkampf, wenn die Gewinner gefeiert werden und ihre Preise bekommen
Siegprämien *pl*	Geld, das man bekommt, wenn man gewinnt
Sinnlosigkeit *f*	Situation, die auf kein vernünftiges Ziel zuläuft
Sirene *f*	Gerät, das einen lauten Signalton von sich gibt
Spurensicherung *f*	Abteilung innerhalb der Polizei, die z. B. nach Fingerabdrücken sucht
Ständer *m*	Vorrichtung, auf die man etw. legen kann
starren	den Blick vor Angst oder Erstaunen fixieren
sich stauen	stocken, nicht fließen
stocken	*hier*: zögern
jn. stoßen	jn. mit Kraft schnell von sich weg drücken
stottern	stockend / nicht flüssig sprechen
strafmildernd	so, dass die Strafe nicht so hart sein wird

strahlendblau	intensiv hellblau
Strähnchen *pl*	einzelne gefärbte Bereiche der Kopfhaare
Stroh *n*	getrocknete Getreidehalme, mit denen man z. B. einen Stall auslegt
Talent *n*	besondere Fähigkeit auf einem Gebiet
Telefonat *n*	Telefongespräch
Tierheim *n*	Unterkunft für herrenlose Tiere
Trauer *f*	Traurigkeit, wenn z. B. jd. gestorben ist
Trecker *m*	Traktor, großes Fahrzeug, das v.a. in der Landwirtschaft benutzt wird
Triathlon *m*	Sportart aus Laufen, Schwimmen und Radfahren
Trojaner *pl*	Computerprogramme, die eine andere Funktion haben, als es scheint
Tunnel *m*	lange Unterführung, meist durch einen Berg oder unter einem Fluss
Überdosis *f*	zu hohe / schädliche Dosis (z. B. bei Arzneimitteln)
Übergabe *f*	Vorgang, wenn man etw. persönlich an einen Ort oder zu einer Person bringt
überheblich	arrogant
Überlegenheit *f*	Tatsache, klar der Bessere zu sein
sich überschlagen	sich um die eigene Achse drehen
übersehen	*hier*: nicht sehen, nicht bemerken

jn. übertreffen	mehr leisten / besser sein als ein anderer
überteiben	zu große Bedeutung geben
Udo Lindenberg	bekannter deutscher Rock-musiker
Ultrawanderung *f*	sehr, sehr lange Wanderung
Umfeld *n*	*hier*: Personen, mit denen man in Beziehung steht
umwerfend	*hier*: großartig
unbeobachtet	niemand sieht, was man macht
unbeschwert	sorglos
unbesiegbar	nicht zu besiegen, nicht zu schlagen
unsanft	nicht vorsichtig
unschädlich	gefahrlos
unsichtbar	nicht zu sehen
unterdrücken	*hier*: etw. nicht zulassen bzw. nicht zeigen, z. B. ein Gefühl oder einen Gedanken
Unterführung *f*	Durchgang bzw. Durchfahrt unter einer Straße oder Bahn-strecke
verabreichen	geben
verbergen	verstecken
Verbrecherin *f*	Person, die schwere Untaten begeht, z. B. Mord
Verdacht *m*	Annahme, dass eine Person etw. Böses tut oder getan hat
jn. verdächtigen	an die Schuld von jm. glauben
verdrängen	*hier*: nicht an etwas denken wollen
verebben	aufhören
verhaften	festnehmen

verkrampfen	die Muskeln stark anspannen (Abwehrhaltung)
verlassen	weggehen
verlegen	beschämt, unangenehm berührt
Versager/Versagerin *m, f*	Person, die nicht erreicht hat, was gefordert oder erwartet ist
ϟ versauen	*hier*: kaputt machen
sich einer Sache verschreiben	eine Aufgabe leidenschaftlich übernehmen
sich versöhnen	sich gegenseitig verzeihen
verstauchen	verdrehen eines Gelenks
verwundert	erstaunt
auf etw. verzichten	etw. nicht haben wollen
Verzweiflung *f*	Zustand, in dem man ohne Hoffnung ist
vom Gegenteil überzeugt sein	fest an den Gegensatz glauben
Wache *f*	Gebäude, in dem die Polizei ihre Büros hat
wasserdicht	*hier*: lückenlos, hundertprozentig sicher
Weltverbesserungspläne *pl*	*hier ironisch*: Konzepte, um die Welt besser zu machen
sich an jn. wenden	zu einer Person Kontakt aufnehmen
ϟ *etw. aus jm.* werden	*hier*: erfolgreich sein
am Werk sein	tätig sein
WG *f*	Abkürzung für ‚Wohngemeinschaft'
Widder *m*	Kaninchenrasse
Windbeutel *m*	Gebäck mit Sahne
Zahnlücke *f*	Loch in der Zahnreihe

zerren	an etw. ziehen
Zeuge/Zeugin *m, f*	jd., der bei einem Ereignis dabei ist/war und darüber etw. sagen kann
Zicken *pl*	Dummheiten, Schwierigkeiten
zielgenau	exakt auf ein Ziel ausgerichtet
Zigtausende *pl*	viele Tausend
zitternd	sich vor Angst oder Kälte schnell hin und her bewegend
Zufall *m*	etw., das ohne Plan passiert
zügig	schnell
zum Abschalten	zum Erholen
zunichte machen	zerstören
zuständig	verantwortlich
jm. **zustoßen**	jm. passieren, z. B. ein Unglück

Verzeichnis der Übungen